차이의 전략

명품 인재를 만드는 퍼스널 브랜딩의 모든 것

차이의 전략

윌리엄 아루다 · 커스틴 딕슨 지음

김현정 옮김

AGORA

차례

STEP 1 추출
자신만의 특별한 가치 약속을 찾아라

나는 30년이 넘는 긴 시간 동안 경력 관리 분야에 몸담고 있으면서 직업의 세계에 엄청난 변화가 발생하고, 그 결과 경력 관리 측면에도 거대한 변화가 생겨나는 모습을 지켜봐왔다. 그 중에서도 지난 10여 년 동안 가장 커다란 변화가 일어났다. 정보화 시대가 도래하고 인터넷의 쓰나미가 우리의 일상을 덮치는 바람에 경력 관리에 있어 당연한 것들로 여겨지던 믿음들이 대부분 시대에 뒤떨어진 것들이 되어버렸다.

이제, 단지 맡은 일을 훌륭하게 해내는 것만으로는 인정받는 사람이 될 수 없다. 고객들과 동료들이 꾸준히 차이를 느낄 수 있게 해야 비로소 자신의 분야에서 인정받는 존재가 된다. 자신이 몸담고 있는 분야에서 신뢰받기 위해 열심히 노력하면 할수록 한층 더 빨리 해당 부서, 기업, 궁극적으로 관련 산업의 핵심 인재로 발돋움할 수 있다. 그리고 그 과정에서 해당 직군 내에서 가장 헌신적인 사람이나 훌륭한 인적 네트워크를 구성하고 있는 사람과 안면을 틀 수 있다. 나도 이 같은 방식으로 이 책의 저자인 윌리엄 아루다와 커스틴 딕슨을 알게 되었다.

최고의 성공을 거둔 전문가들의 공통점은 바로 자신들의 경력을 적극적으로 관리하고 있다는 점이다. 남들보다 앞서 있는 사람들은 위기가 닥친 후에야 인맥을 가동하거나 이력서를 수정하는 잘못을 저지르지 않는다. 우리는 아루다와 딕슨이 주장하는 바와 같이 경력 관리를 하나의 습관으로 만들어야 한다. 이 책의 저자들이 제안하는 혁신적인 단계별 접근 방식은 퍼스널 브랜딩에 중점을 두고 있다. 그런데 아직까지도 퍼스널 브랜딩에 대해 잘못된 개념을 갖고 있는 사람들이 많다. 아루다와 딕슨은 이 책을 통해 퍼스널 브랜딩에 관한 오해를 바로잡고, 그것이 과연 무엇이며 어떻게 이루어야 하는지를 알려준다. 그리고 지금 당장 퍼스널 브랜딩을 시작하면 자신에게 꼭 맞는 기회를 찾아 헤매지 않아도 그 기회가 저절로 찾아온다는 사실을 보여줄 것이다. 두 저자가 그랬듯이, 독자 여러분도 이 책을 읽고 자신의 진정한 모습을 활용할 수 있게 된다면 성공과 즐거움을 동시에 거머쥘 수 있을 것이다.

우수한 기업이 사업을 하는 것과 같은 방식으로 경력을 관리할 수 있는 사람들의 미래는 밝다. 기업과 마찬가지로, 개인도 자신만이 제공할 수 있는 것은 무엇인지, 그 혜택을 누릴 수 있는 대상이 누구인지를 분명하게 알고 있어야 한다. 뿐만 아니라 퍼스널 브랜드가 두각을 나타낼 수 있게끔 다른 사람들과 지속적으로 교류를 하고 자신의 브랜드를 걸고 진행되는 모든 일을 보증할 수 있어야 한다.

아루다와 닉슨은 특히 온라인상에서 퍼스널 브랜드를 만들고 관리하는 데 있어 독보적인 인물들이다. 나 역시 그들 덕에 온라인상에서 퍼스널 브랜드를 구축할 수 있었다. 이제는 누구나 회의나 면접에 임하기 전에 인터넷 검색을 하는 시대가 된 만큼 아루다와 딕슨이 하는 일은 점점 더 중요해지고 있다.

이 책에서 얻은 아이디어를 자신만의 경력 관리 전략에 활용한다면 앞으로 경력을 쌓아나가는 데 커다란 보탬이 될 것이다. 아루다와 딕슨이 하는 이야기에 귀를 기울여보기 바란다. 그것만으로도 여러분의 사회 생활에 진정한 변화가 찾아올 테니까.

─마틴 예이트(Martin Yate, 『입사 성공 전략』을 쓴 경력 관리 전략가─옮긴이)

　　오늘날 직업의 세계에서 통용되는 유일한 화폐는 바로 여러
분에 대한 평판이다. 현재 몸담고 있는 조직에서 승진하기를
고대하고 있든, 다른 회사에 취직할 생각이든, 경력상의 엄청
난 변화를 꾀하고 있든, 직접 사업을 할 생각이든, 이젠 더 이
상 직접 일자리를 찾아나설 필요가 없다. 대신, 멋진 기회가
여러분을 찾아올 것이다. 함께 일하는 동료, 인사 담당자, 고
객, 채용 담당자 등은 사회적 네트워크, 전문가 네트워크뿐 아
니라 구글과 같은 검색엔진을 총동원하여 여러분을 찾아내고
발견한다. 이처럼 새로운 환경에서 살아남으려면 자신이 어떤
자산을 갖고 있는지 파악하고, 자신이 갖고 있는 독특한 가치
를 분명하게 전달해야 한다. 상대에게 자신을 알릴 수 있고 신
뢰감을 심어줄 수만 있다면, 점점 더 많은 사람들이 여러분의

서비스를 원하게 될 것이다. 즉 자신이 누구인지를 이용해 돈을 벌어야 하는 것이다. 그래서 이 책이 필요하다.

명확한 언어로 단계별 지침을 제안하는 이 책을 읽으면 다른 사람들이 여러분을 어떻게 보고 있는지를 이해하고, 자신의 목표를 달성하기 위해 자신에 대한 다른 사람들의 생각을 바꾸고, 지속적으로 자신만의 브랜드에 대한 메시지를 명료하게 전달할 수 있게 된다. 이 책을 읽고 실천하면 누구나 자신의 분야에서 꼭 필요한 전문가가 될 수 있다. 이 책을 통해, 자신의 브랜드를 쌓아나가면서 전문가로서의 성공과 만족을 얻어낸 사람들의 실례를 소개하여 자신의 가치를 파악하고 그것을 브랜드화하는 것이 얼마나 중요한 일인지를 보여주고자 한다(개인 정보 보호 차원에서 가명을 사용한 경우도 있다). 우선, 대단한 성공을 일구어낸 이들을 소개하기에 앞서 이 책을 쓰고 있는 우리가 누구인지 소개해보겠다.

우리는 누구이며, 왜 이 책을 내기로 뜻을 모았을까? 윌리엄은 원래 경력을 관리하는 일에 전혀 관심이 없었다. 윌리엄은 대학에 진학할 무렵 공대를 선택했다. 자고로 대학 수업은 어려워야 할 것 같은데, 공대 강의가 가장 따라가기 어려울 것 같았기 때문이다. 그게 다였다. 그는 학점을 간신히 유지하는 데 도움이 되는 선택과목들과 교양과목들에 감사하며 학교를 다녔다. 그는 자신이 어떤 열정이나 동기를 갖고 있는지 전혀 알지 못했다. 하지만 주변 사람들의 눈에는 그의 열정과 동기가 분명하게 보였다. 그는 어릴 적부터 광고에 많은 관심을 갖고 있었다. 그는 자라면서 엄청난 양의 텔레비전 광고를 비디오테이프에 녹화해두었고, 정규 프로그램보다 광고를 시청하는 쪽을 좋아했다. 다음은 그가 직접 쓴 글이다.

대학을 졸업한 후, KMPG에서 컨설턴트로 일하다가 인터넷 마케팅 분야로 자리를 옮기게 되었다. 마케팅 분야로 옮기고 나니 의욕이 생기고 에너지가 넘치는 등 한결 일하기가 편해졌다. 하지만 내 안에 브랜딩에 대한 열정이 있다는 사실을 깨닫게 된 건, 금융서비스 업체인 프리마크의 브랜드 재구축이라는 믿기 어려울 만큼 멋진 기회를 거머쥐고 나서였다. 사실, 이전에도 항상 애플, 스타벅스, W 호텔, 멀톤 브라운 등 내가 좋아하는 브랜드들을 늘 주위 사람들에게 전파하곤 했었다. 하지만 프리마크 프로젝트를 진행하면서 브랜딩의 원칙을 내 자신에게 적용하는 법을 배울 수 있었다.

경력을 쌓아가는 과정에서 점점 더 많은 사람들을 관리하게 되었고, 다른 사람들에게 용기를 불어넣고 조언을 해주는 일에도 열정을 느끼게 되었다. 다른 사람들이 자신의 능력을 발견하고, 경력을 키워나가고, 잠재력에 도달할 수 있게끔 도움을 주는 일이 재미있었다.

그러던 중 놀라운 일이 일어났다. 매사추세츠 주 케임브리지에 위치한 로터스(지금까지 내가 몸담았던 회사들 중 단연코 최고라고 생각한다)에서 근무하고 있던 1997년 7월, 당시 나는 보고서를 작성하느라 여념이 없었다. 잠깐 쉬려고 사무실 밖으로 나왔다가 부하직원의 책상 위에 《패스트 컴퍼니(Fast Company)》라는 새로 나온 잡지가 놓여 있는 걸 발견했다. 그 잡지를 들고 나와서는 찰스 강변에 있는 벤치에 앉아서 톰 피터스가 기고한 '브랜드로 승부하라'는 제목의 커버 스토리를 읽게 되었다. 그 순간, 모든 행성이 나를 위해 줄을 선 듯한 기분이 들었다. 그 글은 내가 열정을 갖고 있는 두 분야인 브랜드 구축과 사람 간의 관계를 분명하게 보여주었다. 그 글을 읽으면서 세계 최초의 퍼스널 브랜드 컨설팅 업체를 세우기 위한 첫걸음을 내디딘 셈이다.

창업을 해야겠다는 마음을 먹은 상태로 로터스라는 브랜드를 관리하기 위해 런던에 머물다가 다시 파리로 옮겨가게 되었다. 2001년 어느 날, 파리 라데팡스에 있는 사무실에서 마침내 퍼스널 브랜드 컨설팅 업체인 '리치(Reach)'를 창업하기로 결정했다. 나머지는 모두가 알고 있는 그대로다.

물론 2001년은 창업을 하기에 적합한 때는 아니었으며, 출발은 그리 순조롭지 못했다. 그 당시는 퍼스널 브랜딩을 위해 돈을 쓸 사람은커녕 퍼스널 브랜딩이란 말 자체가 생소하게 느껴지던 때였다. 하지만 6년이 지난 지금, 내가 후회하는 점이 있다면 왜 좀더 일찍 사업을 시작하지 않았을까 하는 점뿐이다.

나는 현재 퍼스널 브랜딩에 전념하고 있으며, 전문가들과 개인 사업자들이 퍼스널 브랜딩을 통해 자신을 차별화함으로써 성공할 수 있도록 돕고, 기업체의 중역들에게는 그들이 퍼스널 브랜드를 구축해 조직 내에서 뚜렷한 인상을 남길 수 있도록 도움을 주고 있다. 뿐만 아니라, 직원들 각자가 자신이 갖고 있는 독특한 가치를 찾아내어 활용할 수 있게 하여 직원들이 갖고 있는 재능에서 최대한 많은 것을 이끌어내길 원하는 미래지향적인 조직을 대상으로 강연도 하고 워크숍도 개최한다.

이런 노력을 바탕으로 나만의 틈새 시장을 발견할 수 있었고 개인적으로는 전문가로서의 만족감도 높아졌다. 나는 하루하루를 퍼스널 브랜드를 실현하며 살아가고 있다. 이제 내가 해야 할 일은 다른 사람들이 퍼스널 브랜드를 실현하며 살아갈 수 있게끔 도움을 주는 것이다.

당신이 당신일 수 있게 만드는 것들이
당신에게 성공을 가져다준다.
―윌리엄 아루다

이제 커스틴을 소개할 차례다. 윌리엄과 커스틴은 리치에서 주관하는 퍼스널 브랜딩 인증 프로그램을 통해 만나게 되었다. 사실, 커스틴은 리치의 인증 프로그램에 등록한 최초의 수강생이었다. 윌리엄은 커스틴을 보자마자 커스틴이 혁신적인 사람임을 알 수 있었다. 커스틴은 마치 태어날 때부터 퍼스널 브랜딩에 대해 알고 있는 양 리치에서 제안하는 방법들을 받아들였다. 심지어 윌리엄이 이따금씩 커스틴이 자신보다 리치의 퍼스널 브랜딩 프로그램에 더 많은 열정을 갖고 있다는 생각을 할 정도였다. 이번에는 커스틴의 이야기를 들어보자.

윌리엄과 마찬가지로 내게도 경력을 어떻게 관리할지에 대한 구체적인 계획이 전혀 없었다. 나는 연극, 해외 여행, 외국어, 글쓰기에 관심을 갖고 있었다. 그러나 전혀 공통점이 없어 보이는 이 네 분야를 이용해 창의성을 추구하고 기업가적인 성향을 갖고 있는 내 영혼을 충족시킬 수 있는 방법에 대해서는 전혀 확신이 없었다. 대학교 2학년 때 나는 바사 대학교로 편입학하면서 새로운 전공을 선택했다. 연기하는 걸 좋아했기 때문에 '연극을 전공하면 안 될 이유가 뭐 있겠어?'라고 생각했다. 물론 그때도 전문 연기자가 되고 싶은 생각은 없었지만 당시에는 그 선택이 합리적인 것처럼 느껴졌다. 3학년에서 4학년으로 넘어가던 여름에는 AFS 교류 프로그램을 통해 태국에서 영어를 가르쳤지만, 전과를 하면 원래 계획했던 대로 4년이라는 기간 내에 졸업을 할 수가 없는 상황이었다.

사회에 첫발을 내딛게 되었을 때, 나는 직업인으로서의 나의 인생이 어떻게 펼쳐질지에 대해 비현실적인 기대만 가득 품은 상태였다. 그리고 그런 채로 나를 채용하겠다고 한 첫 번째 회사에 덜컥 취업해버렸다. 나는 컴퓨터 소매 판매 체인의 판매 관리 지원 부서에서 일하게 되었는데, 그 업무는 나의 성격과 전혀 맞지 않았고 일하는 과정에 얻은 게 있다면 컴퓨터 기술에 관한 지식을 많이 습득할 수 있었다는 것뿐이다. 나는 충격적으로 해고당했고, 그후 동요가 많은 마케팅의 세계에 뛰어들게 되었다.

푸조 자동차 미국 지사에서 일을 하던 중, 푸조가 더 이상 미국에서 자동차를 팔지 않겠다는 결정을 내려버렸다.

그래서 마쯔다 자동차를 들여오려는 회사에서 일을 하게 되었다. 당시 내가 일하고 있던 에이전시에서 마쯔다 자동차를 들여올 기회를 얻었지만 결국 마쯔다 자동차를 미국에 들여오지는 않았다. 또다시 해고를 당했고, 이번에는 재취업 교육을 받게 되었고, 그곳에서 내가 원하는 경력을 만들어나갈 수 있도록 도와주는 업계가 있다는 사실을 알게 되었다.

그후, 사랑을 위해 로스앤젤레스로 이사를 가게 되었고 마케팅에서 좀더 안정적인 분야라 할 수 있는 일반 고객을 상대하는 일을 하게 되었다. 당시에 했던 일 중에 가장 기억에 남는 일은 세계 시장에서 깔루아라는 브랜드를 널리 알린 것이었다. (새로운 일을 찾아 헤매는 동안 오랜 기간 프리랜서로 활동했고 그 덕에 다양한 산업에서 내부자의 관점으로 기업을 바라볼 수 있게 되었다는 점을 밝혀두는 것이 좋을 것 같다.) 모회사가 재편 작업을 하고 있어, 다시 뉴욕으로 돌아갔다. 물론 뉴욕으로 떠나기 전에 한동안 재취업 교육을 받았다.

한 단체 세미나에서 퍼스널 브랜드의 개념을 설명하는 뛰어난 트레이너를 만나게 되었다. 그 무렵은 퍼스널 브랜드가 중요한 트렌드로 떠오르기 훨씬 전이었다. 나는 그 자리에서 그 일이야말로 바로 내가 원하던 일이라는 생각을 하게 되었다. 바로 그 순간, 드디어 나 자신이 내 운명의 주인이 되었으며 내가 가진 힘과 경험이 운명의 진정한 주인이 되고자 하는 다른 사람들의 바람에 도움이 될 거라는 사실을 깨닫게 되었다. 뉴욕 대학교에서 주최하는 '성인을 위한 경력 계획 및 개발' 강좌에 등록하는 것을 시작으로, 나의 진정한 소명을 발견하기 위한 여정을 시작했다. 첫 딸을 출산한 후, 인사 전문 컨설팅 업체에 사직서를 제출하고 경력 마케팅 서비스 업체를 세웠다가 몇 년 전에 매각했다. 개인적으로 새로운 경력을 쌓아가고자 하는 고객들을 주로 응대했었고 다양한 산업에서 다양한 직급에 몸담고 있는 수백 명의 전문가들의 브랜딩에 많은 도움을 주었지만, 나만의 브랜드를 갖고 있진 못했다.

온라인상에서 자신만의 브랜드를 쌓아나가면
진짜 세상에서도 눈에 띄는 존재가 될 수 있다.
—커스틴 딕슨

자, 이제 우리가 어떻게 함께 일을 하게 되었는지 윌리엄의 설명을 들어보자.

어느 날 커스틴이 개인적으로 만날 수 있겠냐며 이메일을 보내왔다(당시 리치에서 진행하던 인증 프로그램은 화상 세미나 형식으로 진행되었다). 커스틴은 여성 채용 박람회에서 이력서를 검토하기로 되어 있었는데, 그녀가 박람회에 참가하기 전 보스턴에서 처음으로 얼굴을 마주하게 되었다. 커스틴은 회사 중역들과 개인 사업자들의 온라인 브랜딩을 도와주는 컨설팅 업체인 '브랜드에고'를 설립할 계획이라며 동참할 의향이 있냐고 물어왔다. 그 일은 커스틴에게 딱 맞는 일이었다. 커스틴은 미래 지향적인 사람이며 '에고 서핑'(자신의 평판을 인터넷에서 반복적으로 확인하는 행위−옮긴이)이란 용어가 생겨나기도 전에 온라인상에서의 자아를 관리하고자 하는 사람들의 욕구가 생겨날 거라고 예측했었다.

당시 나는 전문가들이 각자의 학습 속도에 맞춰 저렴한 비용으로 퍼스널 브랜드를 개발할 수 있도록 '리치 브랜딩 클럽(Reach Branding Club)'이라는 온라인 학습 상품을 개발하려는 계획을 갖고 있었다. 그런데 퍼스널 브랜딩을 위해 상담을 받고 싶어하면서도 비싼 수강료를 낼 형편이 되지 않거나 내고 싶어하지 않는 경우가 많았다. 내게는 지적 재산(콘텐츠와 방법)이 있었고 그 지적 재산을 혁신적이고 재미있으면서도 간단하게 전달할 수 있는 방법을 찾을 수 있는 파트너가 필요했다. 적임자로 여겨지는 사람이 딱 한 명 있었다.

커스틴은 리치가 제공하는 서비스에 가장 큰 확신을 갖고 있는 사람인 듯하다(어쩌면 두 번째일지도 모른다). 커스틴은 모든 고객들을 대상으로 이 방법을 사용한다. 커스틴은 리치에서 배운 내용을 '브랜드에고'에 접목하여 자신이 만나는 모든 고객들에게 일러준다. 이 책에서 제안하는 퍼스널 브랜딩 방법에 커스틴의 열정을 더한 다음, 성공적으로 경력을 쌓기 위해 인터넷을 잘 활용하면 여러분도 이 책의 완벽한 공동 저자가 될 수 있다.

원래 이 책은 윌리엄이 안드레아 오닐(똑똑하고 유능한 브랜드 마케팅 전문가다)과 함께 2001년부터 쓰던 것이었다. 당시 이 책의 제목은 거대했던 IT 거품이 빠진 후 해고가 일상이 되어버리고 직업 안정성은 별나라 얘기가 되어버린 경제 상황이 반영된 '총알 공격에도 끄떡없는 경력을 쌓아라'였다. 하지만 안드레아는 그 책이 자신의 미래를 위한 계획과 맞지 않다는 결론을 내렸고 윌리엄은 원고가 담긴 파일을 리치 서버에 보관해두었다. 그러던 어느 날, 윌리엄은 퍼스널 브랜드에 관한 수많은 책이 출판되고 있다는 것과 직업의 미래에 대해 얘기하는 책이 단 한 권도 없다는 사실을 깨달았다. 퍼스널 브랜드에 관한 책이 수없이 쏟아져나오지만, 끊임없이 변화하는 경제 상황 속에서 성공하기 위해 어떤 마음가짐의 변화가 필요한지를 알려주는 사람은 단 하나도 없었다. 윌리엄은 다시 책을 써야겠다는 생각을 하게 되었다. 이전의 공동 작업을 통해 공동 저자와 함께 책을 쓰는 것이 얼마나 가치 있는 일인지 알고 있었던 윌리엄은 커스틴에게 책 집필에 동참할 것을 권유했다. 여러분이 손에 쥐고 있는 바로 이 책이 그 결과물이다. 이 책을 쓰는 것은 우리에게도 인생의 엄청난 변화를 몰고 왔다. 이 책을 쓸 때 우리가 느꼈던 영감을 여러분이 조금이나마 느낄 수 있기를 바란다.

우리는 이 책을 통해 지금껏 고객들에게 알려주었던 방법들, 즉 경쟁자나 동료들 사이에서 자신을 확실히 드러내기 위한 진보적인 방법들을 알려드리고자 한다.

직업의 미래

이번 장에서 우리는 다음의 내용을 살펴볼 것이다.
- 경력에 영향을 주는 요소
- 고용주들이 실제로 원하는 것

여러분이 이 책을 잘 활용하려면 우선 다음 질문의 해답을 알아야 할 듯하다. 직업의 세계에서 어떤 일이 일어나고 있으며, 새로운 패러다임 안에서는 어떻게 해야 성공할 수 있을까?

○ 변화야말로 변치 않는 진리다

베이비 붐 세대의 퇴직, 지식근로자(자신의 일을 끊임없이 개선하고 혁신해 부가가치를 올리는 지식을 가진 사람-옮긴이)의 부족 등은, 노동 시장의 변화와 퍼스널 브랜드의 중요성 강화에 영향을 끼치는 요즘의 트렌드 중 일부에 불과하다. 이 책에 등장하는 조언을 실생활에 적용하기 위해, 새로운 고용 환경에서 나타날 것으로 기대되는 몇 가지 변화들을 살펴보자.

> 변화는 인생의 법칙이다.
> 과거나 현재만 바라보는 사람은 미래를 놓칠 수밖에 없다.
> ─존 F. 케네디

점점 줄어드는 정년

경제가 호황을 누리든 불황에 허덕이든 상관 없이, 한 직장에 몸담을 수 있는 기간이 점점 짧아지고 있다. 경제가 성장가도를 달릴 때에는 구직과 이직이 더욱 빈번해진다. 그러다 경제가 불황에 접어들면, 인원 감축으로 인해 직장 내 정년이 더욱 짧아진다. 다음 내용을 살펴보자.

■ 미국 노동청에서는 개인이 한 직장에 머무르는 기간이 수십 년에 걸쳐 모든 산업 분야에서 점점 짧아져왔다는 보고서를 내놓았다.[1] 요즘의 추세는 피고용인들이 2년에 한 번씩 직종을 바꾸고, 3년에 한 번씩 회사를 옮기며, 4년에 한 번씩 다른 산업으로 옮겨가는 것이다.

■ 이그제큐넷(인재 중개 네트워크─옮긴이)에서 2005년에 실시한 조사를 보면 2002년에는 기업 중역들이 4.1년마다 회사를 옮겼지만 그 기간이 3.6년으로 줄어든 것을 알 수 있다.[2] 일부 직업의 경우, 평균 재직 기간이 훨씬 짧다. 최고

마케팅 담당자(CMO)의 경우를 생각해보자. 세계적인 헤드헌팅 업체인 스펜서 스튜어트가 2004년에 조사한 바에 의하면 세계에서 브랜드를 가장 잘 구축한 업체 100곳의 최고 마케팅 담당자의 평균 재직 기간이 2년 미만이었다.[3] 왜 이토록 자주 회사를 옮기는 것일까? 그것은 기업이 최고 마케팅 담당자에게 투자 수익률에 대한 책임을 묻고 있기 때문이다.

■ 프로젝트를 중심으로 돌아가는 세상에서, 새로운 충성도의 척도는 손에 쥐어진 프로젝트다. 프로젝트가 수익 개선에 직접적인 도움이 되는 결과를 낳지 못하면, 대부분의 업체들이 팀 구성원들의 고용 계약과 함께 해당 프로젝트를 없애버린다. 퓨에서 2006년에 실시한 연구 결과를 보면 미국인 62퍼센트가 20~30년 전에 비해 직업 안정성이 줄어들었다고 믿고 있다.[4]

이처럼 역동적인 환경에서는, 이름을 떨칠 수 있는 시간도 그만큼 짧다. 자신이 몸담고 있는 조직과 특정한 프로젝트에 어떤 가치를 부여할 수 있는지 고용주에게 분명하게 보여줄 수 있어야 하며, 항상 변화를 맞이할 준비를 하고 있어야 한다. 한때는 새로운 일을 맡은 지 100일 내에 해내야 할 일에 관한 계획을 세우는 것은 CEO들이나 하는 일이라고 여겨졌다. 하지만 이제 누구나 새로운 일을 맡은 지 100일 내에 어떤 목표를 달성하고자 하는지 계획을 세워야 하는 시대가 되었다.

점점 모호해지는 일과 사생활 간의 경계

블랙베리(BlackBerry, 인터넷 접속 기능과 PDA, 이메일 수신 기능이 있는 휴대용 장비—옮긴이)와 어디서나 접속 가능한 무선인터넷, 휴대폰 등으로 인해 '언제, 어느 곳에서든' 일을 할 수 있는 세상이 되었다. 지식근로자들이 사무실에 있을 필요가 줄어든 덕에 일과 사생활 간의 경계만 한층 더 모호해졌다. 자, 다음 수치들을 살펴보자.

■ 프랑스(유일하게 주당 근무시간이 감소한 나라)라는 예외가 있긴 하지만 대체로 주당 근무시간이 늘어나는 추세다. 1969년, 25~54세의 미국인 부부는 일주일에 평균 56시간 일했다. 그런데 2000년경에는 부부의 노동 시간이 약 70시간으로 늘어났다.[5]

■ 호텔, 공항, 스타벅스, 커피숍 등 어디에서나 무선인터넷을 이용하며 손쉽게 일을 할 수 있는 세상이 되었다. 그 결과, 기업들은 고객들의 요구에 언제든지 대응할 준비를 하고 있어야 하는 상황이 되었다.

회사가 아닌 곳에서 일을 하는 시간이 늘어난 탓에 전체 노동 시간이 늘어났음에도 불구하고 사무실에 머무르는 시간은 점점 줄어들고 있다. 그러므로 사무실에 앉아 있지 않을 때에도 동료나 관리자들에게 영향력을 끼칠 수 있을 만큼 막강한 퍼스널 브랜드를 만들어나가야 한다. 이메일 한 통을 보낼 때나 전화를 할 때에도 상대에게 자신이 갖고 있는 가치를 충분히 보여주어야 한다.

이 책은 가상의 프로젝트 팀이 훌륭한 성과를 일구어낼 수 있음을 보여주는 명확한 증거다. 이 책의 저자인 우리 두 사람이 이 원고를 쓰는 동안 같은 도시에 있었던 적은 단 두 번뿐이다. 게다가 우리는 편집자도, 이 책의 표지 이미지를 만들어낸 디자이너도 직접 만난 적이 없다. 윌리엄은 비행기 안이나 공항 라운지에서 이 책의 상당 부분을 썼다. 그가 단기간 내에 모든 내용을 이 책 안에 담아낼 수 있었던 것은 전자 프로젝트 관리 시스템, 무선인터넷, 스카이프(Skype, 인터넷에서 무료 통화를 할 수 있는 프로그램-옮긴이) 등이 있었기 때문이다.

점점 빠른 속도로 변해가는 조직

수익과 이윤을 키우라는 금융계의 압력이 커지고 있는 가운데 기업들은 끊임없이 새로운 사업을 찾아나서고, 세계 시장을 공략하고, 다른 업체들을 인수합병하고, 중요하지 않은 일은 아웃소싱하고, 자사에서 제공하는 제품과 서비스를 정밀하게 평가하고 있다. 다음과 같은 변화들에 대해 생각해보자.

■ 인터넷 기술의 사용으로 인해 지리적 경계의 중요성이 줄어들고 있으며, 모든 조직이 세계화되고, 모든 비즈니스가 온라인으로 자리를 옮겨가고 있다.

■ 세계화와 기술의 발달로 기업들은 조직간 네트워킹, 협동, 비주류 활동 아웃소싱 등으로 특징지어지는 좀더 유연하고 복잡한 조직 구조를 만들어나가게 되었다.

■ 점점 더 적은 사람들이 점점 더 많은 일을 해내고 있다. IT 기술과 규모의 경제를 통해 주주가치를 높이라는 압력이 생산성의 증가로 이어지고 있다.

지금 자신이 속한 조직에서 어떤 일이 일어나고 있는지 파악하고 나면 이미 그 상황이 바뀌어 있을 가능성이 크다. 변화의 속도가 빨라지고 있으며 통제할 수 없는 수많은 외부 요인이 업무에 영향을 미치기 때문이다. 조직 구조의 유연성이 강화되고 있어 일을 하는 방식에 대한 선택의 폭도 넓어졌다.

이러한 변화를 받아들이고 변화야말로 불변의 진리임을 인정하는 사람만이 끊임없이 변화하는 환경 속에서 많은 것을 얻어낼 수 있다.

잦은 이직

요즘은 평생 동안 한 회사에서 일하고 싶어하는 사람을 찾아보기가 어렵다. 이직이 좀더 자유롭고 빈번해졌으며, 조직

생활과 독립 활동을 반복하는 사람도 많이 생겨났다. 어디 그 뿐인가. 현재의 고용주와 고객을 만족시키기 위해 노력하는 동시에 다음에 맡을 일에 대비하여 새로운 마케팅 계획을 준비하고 진행해야 한다.

가만히 멈추어 서 있는 것은 좋은 방법이 아니다. 노동 시장의 시속적인 개편이란 노동력의 지속적인 혼란을 뜻한다. 즉 모든 직급의 직원들이 고용주의 도움을 기다리기보다 끊임없이 자신의 경력을 직접 관리해야 한다는 뜻이다. 환경이 변하지 않기를 기대해서는 안 되며 항상 미래를 내다봐야 한다. 자신이 꿈꾸어온 직업적 위치에 이르렀다는 확신을 갖기 위한 유일한 방법은 바로 자신만이 제공할 수 있는 것에 대한 수요를 찾아내는 것이다. 무척 힘든 일처럼 들리겠지만 사실은 그 반대다. 자신만이 제공할 수 있는 것에 대한 수요를 찾아내면, 재정적으로나 개인적으로나 일을 통해 수익을 창출할 수 있는 기회가 생기며 자신의 경력을 탄탄하게 쌓아가고 자신이 원하는 목표에 에너지를 쏟아부을 수 있게 된다.

 ## 고용주는 무엇을 원하는가

여러분과 마찬가지로, 고용주도 경쟁에서 앞서가고 싶어한다. 고용주들은 고객들이 자사에서 내놓은 상품이 시중에 나와 있는 그 어떤 상품과도 차별화되며, 더 낫다고 생각해주길 원한다. 그래야 자신이 내놓은 상품에 가장 높은 가격을 붙일 수 있기 때문이다. 그러기 위해 고용주들은 고객이 가장 원하는 것을 충족시켜줄 수 있는 혁신적인 해결 방안을 내놓을 수 있는 전문가와 리더로 구성된 창의력 있는 일꾼들을 원한다. 독특한 역량을 최대한 발휘하는 개인들로 구성된 다양성 있는 직원들이 있을 때 창의성이 생겨난다.

다양성이 얼마나 중요한지 알고 싶다면 먼저 개개인 단위부터 살펴봐야 한다. 모두가 똑같다면 결코 혁신이 일어날 수 없다. 결국 우리는 진정한 자신의 모습을 찾을 때 비로소 성공할 수 있다. 만일 여러분이 비슷한 기술과 능력을 갖고 있는 수많은 사람들과 다를 바가 없다면, 조직에서 원하는 창의력 있고 혁신적인 아이디어를 만들어내기 위한 다양성에 공헌할 수가 없다. 그저 평범한 물건에 불과한 존재가 될 뿐이다. 사람들은 전혀 다를 게 없는 물건에는 관심이 없다. "난 우유를 사랑해"라든가 "난 돼지고기를 사랑해"라고 얘기하는 사람을 본 적이 있는가? 남과 전혀 다를 바가 없는 노동자, 관리자, 전문가가 되어버리면 새로운 직업의 세상에서 요구하는 사람이 될 수 없다. 우리가 전하고자 하는 메시지는 바로 진정한 자신의 모습을 찾으라는 것이다.

경력 관리에 관심을 갖고 있는 현명한 사람들은 기업에서 직원들에게 유니폼을 입히고 연금을 관리해주던 시절은 이미

지나갔다는 사실을 뼈아프게 실감하고 있다. 과거에 유용하게 여겨졌던 경력 관리 방법은 이제 더 이상 써먹을 수 없게 되었다. 해고를 당했으며 몇 달, 또는 몇 년간 쉬었다는 사실을 이력서상에서 밝히는 것이 이제 보편적인 일이 되어버려서 해고나 미취업 기간 등은 이제 더 이상 경력상 오점이 되지 않는다.

여러분도 사업을 관리하듯이 경력을 관리해야 한다는 사실을 잘 알고 있을 것이다. 사실, '나'라는 브랜드를 관리해야 한다는 개념이 처음 나타난 것이 벌써 10년 전이다. 하지만 경력 관리 및 퍼스널 브랜딩 분야에서 일을 하다 보면, 전문가들 중에서도 그 동안 경력을 관리하기 위해 해왔던 행동들을 바꿀 수 있을 만큼 이 개념을 충분히 체화시키지 못한 사람들을 자주 만나게 된다. 이들 중에는 다르게 생각하고 행동해야 한다는 걸 알면서도 어떤 관리 방식이나 기법이 가장 효과적인지를 모르는 사람도 있고, 과거와 다른 방식으로 경력 관리를 시작하는 것에 어려움을 느끼는 사람도 있다. 또한 경력을 관리하는 방법 자체를 잘 모르는 사람들도 있다. 예를 들어 5년 동안 구직 활동을 할 필요가 없었던 사람이라면 새로운 일자리를 찾기 위해 인터넷을 효율적으로 사용하는 방법을 잘 모를 수도 있다. 구인구직 공고란에 이력서를 올려놓고 기다리기만 하면 완벽한 일자리가 나타날 거라는 잘못된 생각을 하고 있는 사람들이 너무도 많은 탓에 온라인상에서 일자리를 찾는 데 미숙한 사람들이 많다.

케이스 데니 신발 업계에서 이사로 재직

케이스 데니는 전형적인 길을 걸어왔다. 그는 대학을 졸업한 후 나이키에서 성공적으로 경력을 쌓아왔다. 새로 문을 연 나이키타운 매장을 관리하던 케이스는 승진을 거듭하여 3억 5,000만 달러 규모의 맞춤신발 부서의 이사가 되었다. 그후 뉴잉글랜드에 위치한 글로벌 외출용 의류 제조업체에 스카우트되어 그 업체에서 가장 수익성이 높은 분야의 글로벌 브랜드 관리 담당 부사장이 되었다. 친분을 잘 쌓아온 덕에 업계 사람들은 직원들을 잘 키워내는 케이스의 우수한 능력을 잘 알고 있었고, 그런 탓에 케이스는 18년 동안 승진을 거듭할 수 있었다. 그는 직접 구직을 하거나 승진을 요구해본 적이 없었다. 단 한 번, 이력서를 준비한 적이 있을 뿐이었고 그때가 바로 나이키를 떠나 새 회사에 몸을 담기로 결정했을 때였다.

케이스는 새 회사에 몸을 담은 지 3년이 되던 해, 사내 경영진과 자신이 추구하는 목표가 서로 다르다는 사실을 깨닫게 되었다. 그는 자신의 일자리가 사라질 수도 있다는 위협을 느꼈다. 그는 처음으로 경력 관리 컨설턴트에게 의뢰해 장기적인 목표를 세우고 다음 단계를 준비했다. 중년에 접어든 만큼, 케이스는 일과 개인적인 삶 사이의 균형을 원했으며 일을 통해 만족감을 느끼고 싶어했다. 케이스의 회사는 커뮤니티 서비스로 잘 알려져 있었지만 케이스는 커뮤니티에 참여할 만한 시간이 없다고 생각했다. 결국 케이스는 자신의 역할에 만족을 느끼지 못했다.

경력 관리 컨설턴트와 대화를 하던 중, 케이스는 자신이 구직을 해본 적이 없어서 구직 방법에 대한 최신 정보를 전혀 알지 못한다는 사실을 깨달았다. 내성적인 성격의 케이스는 낯선 사람들에게 자신의 능력을 떠벌리는 것이 불편했다. 케이스와 경력 관리 컨설턴트가 이력서 작업을 시작한 바로 다음 날 케이스는 인사 담당 부서에 불려가 해고될 거라는 소식을 전해 들었다. 케이스는 자신이 가야 할 길에 맞는 단계를 시험 삼아 밟아본 셈이 되었지만 전략적인 구직 활동에 돌입할 준비는 거의 되어 있지 않았다.

○ 새로운 직업의 세계는 새로운 기회

　새로운 직업의 세계에서는, 변화의 속도는 점점 빨라지고 경쟁은 치열해져만 간다. 하지만 경제 전면을 통째로 바꾸어 놓은 사회·기술·경제적 원동력이 더해져 어마어마한 새로운 기회를 제공한다. 눈을 크게 뜨고 바깥세상에서 일어나고 있는 변화를 지켜보면 자신에게 가장 어울리는 기회를 찾아낼 가능성이 커진다. 주위에 있는 사람들에게 자신이 무엇을 제공할 수 있는지를 정확하게 알려두는 것만으로도 기회를 잡는 데 큰 도움이 된다.

　기회보다 안정성을 중요하게 여기는 사람들이 너무 많다.
　그것은 죽음보다 삶을 두려워하는 것과 다를 바 없다.
　—제임스 F. 바이른, 미국의 변호사 겸 정치인

2

차별화된 경력을
쌓아가겠다는 마음가짐을 가져라

이번 장에서 우리는 다음의 내용을 살펴볼 것이다.
- 차별화된 경력을 쌓겠다는 마음가짐을 갖기 위한 네 가지 원칙
- 지속적인 경력 관리의 중요성

요즘과 같이 역동적인 시대에 일을 통해 성공과 만족감을 모두 거머쥐려면 경력에 대한 사고방식부터 바꾸고 경력 관리를 지속적으로 해야 할 활동으로 여겨야 한다. 퍼스널 브랜딩은 이 모든 일에 도움이 된다. 성공적으로 경력을 쌓아서 이름을 떨치는 것을 퍼스널 브랜딩의 궁극적인 목표로 삼아야 한다. 앞으로 여러분은 우리가 '1-2-3 성공!'이라고 부르는, 퍼스널 브랜딩을 위한 로드맵을 보게 될 것이다(이 방법은 리치에서 개발된 것으로 수천 명의 중역들이 체험을 통해 훌륭한 프로그램임을 증명해 보였다). 퍼스널 브랜딩에는 많은 시간이 소요된다. 하지만 그만한 가치가 있다. 지금 당장 퍼스널 브랜드를 구축하기 위한 노력을 시작하면 나중에는 한결 수월해질 것이다. 하지만 당장 이 로드맵을 시행하기 전에 '1-2-3 성공!' 방식을 경력 관리에 적용하기 위해 어떤 마음가짐을 갖추어야 할지부터 자세히 살펴보자. 우리는 이 같은 마음가짐을 '경력 차별화'라고 부른다. 이제 경력 차별화의 마음가짐을 갖고 원칙을 따르며 미래를 거머쥘 채비를 하자.

○ 원칙 1. 눈에 띄는 존재, 무언가를 대표하는 사람이 되어라

1장에서 살펴보았듯이 이제 더 이상 맡은 일을 잘 해내는 것만으로는 충분치 않다. 한때는 회사에 대한 충성심과 장기간 근무가 당연하게 여겨지던 때도 있었다. 1960~70년대에는 이러한 생각이 텔레비전 프로그램에도 반영되었다. 〈그녀는 요술쟁이(Bewitched)〉라는 시트콤을 기억하는지 모르겠다. 맥맨 앤 테이트(McMann and Tate)라는 광고회사에 다니는 사만다의 남편 대린 스티븐을 생각해보자.

맥맨 앤 테이트의 하루하루는 언제나 예측한 대로 흘러갔다. 광고회사의 공동 설립자인 허풍쟁이 래리 테이트는 이사인 대린에게 매일 무엇을 해야 할지를 지시했다. 짙은 회색 정장을 차려 입은 대린은 항상 사무실에 도착하는 순간 하루가 어떻게 진행될지 정확하게 파악할 수 있었다. 담당 광고와 고객은 수시로 변하지만 하루하루가 그 전날과 크게 다를 것이 없었다. 대린은 회사 내의 모든 직원들을 알고 있었고 직원들은 모두 다른 사람들이 어떤 일을 하는지 잘 알고 있었다. 사람들은 같은 일을 하면서 그 회사에 여러 해 동안 머물렀다.

마법을 부릴 줄 아는 사만다의 친척들이 실수나 장난으로 잘못 한 주문으로 인해 고객과의 관계에서 문제가 발생해도 대린이 회사에서 잘릴 염려는 없었고, 그는 퇴직하는 그날까지 맥맨 앤 테이트에 머무를 수 있을 거라고 생각했다.

〈그녀는 요술쟁이〉가 처음 방영된 후로부터 40년이나 흘렀다. 이 시트콤 속에 등장하는 사무실의 분위기는 오늘날은 상상조차 하기 힘들다. 요즘 방영되는 텔레비전 프로그램을 보면 옛날과 지금이 어떻게 다른지 한층 더 명확하게 알 수 있다. 대린 스티븐과 〈어프렌티스〉(도널드 트럼프가 진행하는 인기 프로그램으로, 가상의 직업 세계를 배경으로 한 서바이벌 프로그램이다-옮긴이)의 등장인물들을 비교해보면 그 차이점이 분명하게 드러난다.

"당신은 해고됐습니다." 〈어프렌티스〉를 즐겨 보는 사람이라면, 매주 이 말을 들어왔을 것이다. 다행히도, 해고를 알리는 낭랑한 목소리는 트럼프 타워의 회의실에서 흘러나오는 것이고 여러분이 아닌 다른 누군가를 향한 것이다. 하지만 아주 정확하게 매주 한 명씩 프로그램에서 퇴출당하는 모습을 지켜보는 것은 그리 유쾌하지 않다. 〈어프렌티스〉는 가장 최근에 진행한 프로젝트의 성과만 인정받는 새로운 직업의 세계를 잘 보여준다. 어떤 주는 그 누구보다 훌륭하게 일을 해낼 수도 있다. 하지만 그렇다고 해도 다음 주에 쫓겨나지 않으리라는 보장은 없다. 관리자와 담당 프로젝트가 항상 바뀌는 요즘 같은 시대에는 〈어프렌티스〉에서와 마찬가지로 무작정 규칙을 따르는 것보다 끊임없이 돋보이기 위해 노력을 하는 것이 성공 전략이다.

요즘은 창의성이 충성심보다 중요하며, 무작정 규칙을 따르는 것보다 개별적인 특성이 중요하고, 위계질서는 사라지고 업무 성과가 더욱 중요해지고 있다. 일이 주어지기를 기다리기보다 필요한 일을 찾아나서야 한다. 〈어프렌티스〉에서 끝까지 살아남는 사람들은 자신의 재능과 자신감을 활용하여 두각을 나타내고 끊임없이 자신이 속한 팀에 가치를 부여하는 사람들이다.

경쟁은 점점 더 치열해지고 좀더 높은 수익을 창출하라는 주주들의 압력이 거세지고 있는 가운데, 기업들은 직원들 한 사람, 한 사람이 조직에 얼마만큼의 가치를 부여할 수 있을지를 따져보기 시작했다. 전혀 두각을 나타내지 못해 경영진의 눈에 들지 못한 동료가 사라진다 하더라도 그 누구도 그 사람을 그리워하지 않는다. 회사에서 다른 사람들의 눈에 띄지 않는 사람들은 결국 "당신은 해고됐습니다"라는 말을 실제로 듣게 된다. 한 조직에서 수십 년 동안 몸담아왔던 사람들이라고 해서 예외는 아니다. 회사는 어쩔 수 없이 인원을 감축해야 할 상황이 되면 근속 기간과 상관 없이 특별하고 중요한 공헌을 하지 못하는 것으로 여겨지는 사람들을 1순위로 퇴출시킨다. 다음 이야기를 읽어보자.

마거릿 수석 간호사

마거릿은 30여 년 동안 대도시에 있는 병원에서 일했다. 30년이라는 세월 동안 그녀는 직장을 잃지 않기 위해 예순이라는 나이에 석사학위를 취득하는 등 병원 측에서 요구하는 요건을 충족시키기 위해 많은 노력을 해왔다. 게다가 그녀는 맡은 일을 아주 잘 해냈다.

하지만 30년 동안 오직 한 병원에서 충성하며 누구보다 훌륭한 서비스를 제공해온 마거릿은 석사학위, 충분한 경험, 동료들의 훌륭한 평판에도 불구하고 페덱스로 배달된 편지 한 통으로 직장을 잃게 되었다.

점점 더 많은 직장인들이 마거릿과 비슷한 경험을 하고 있다. 한 회사에서 5년간 일했든, 25년간 몸을 담았든 달라지는 건 없다.

계속해서 일을 하고 싶다면, 회사 생활을 하든, 영업을 하든, 독립 업체를 운영하든, 심지어 정치나 언론계에 몸을 담고 있든 자신을 대변할 만한 브랜드를 만들어야 한다는 사실을 깨닫는 사람들이 늘어나고 있다. 단순히 어떤 일을 할 수 있는 사람에게는 자신만이 할 수 있는 무언가를 찾아내는 사람과 같은 기회가 주어지지 않는다. 그뿐인가. 회사 내에서 지위가 높아지고 영향력이 커질수록 퍼스널 브랜딩의 중요성은 더욱 커진다. 퍼스널 브랜딩은 동료들보다 더 많은 가치를 만들어 내고, 남들보다 두드러지고, 특별한 무언가를 대표할 수 있는 존재가 되는 것을 뜻한다. 다음은 세스 고딘의 블로그에서 발췌한 글이다.

사람들은 대부분 바늘을 최대한 뾰족하게 만들기만 하면 자석에 이끌려 건초더미를 빠져나와 원래 바늘이 있던 곳으로 되돌아가게 될 거라고 믿고 있다. 근사한 직장을 구하는 데 어려움이 있거나, 훌륭한 매출 기록을 세우지 못하거나, 멋진 상대와 데이트를 하지 못하고 있다면 그럴 만하지 않기 때문일 수도 있다. 그 동안 성공을 거머쥔 여러 사람들을 만나본 경험을 미루어보건대, 당연히 그럴 만했기 때문에 성공할 수 있었던 것이 아니다.

그야말로 평균치에 불과한 학점과 직장 경력만이 담겨 있는 평범하기 짝이 없는 이력서를 내밀어서 멋진 일자리를 구할 수 있을 가능성이 얼마나 되겠는가?

"빌. 여기 좀 보지. 학점도 평범하고 직장 경력도 정말 평범한 사람이 있는데. 아마 인건비는 저렴하겠지?"

여러분은 이런 식으로 직원을 채용하는가? 아니면, 이런 식으로 제품을 선택하는가? 평범하고 단순한 일을 하는 하급 공무원이라면 혹시 그런 식으로 채용할지도 모르겠다. 하지만 일반적인 직종에서 평범한 사람을 채용하는 시절은 이미 옛날 옛적에 지나갔다.

사람들이 여러분한테서 구매하고자 하는 건 바로 하나, 고용을 하든, 함께 일을 하든, 데이트를 하든, 제품이나 서비스를 구매하든, 무언가를 배우든, 여러분을 통해 느끼는 기분이다.

자, 그렇다면 여러분은 다른 사람들이 어떤 기분을 느끼게 하는가?

상대가 더 나은 기분을 느끼게 하는가? 그보다 더 많은 것을 줄 수 있는가? 상대가 원하는 감정을 느끼게 해주는가?

특이할 것이 전혀 없는 상품과 날카로운 바늘에만 집중하면 모든 걸 놓치게 된다. 왜 그럴까? 대부분의 고객은 자석을 들고 다니지 않기 때문이다. 게다가 아주 날카로운 바늘은 건초더미에서 빠져나오지 못할 가능성이 크다. 대신, 구매자들은 논할 만한 가치가 있는 비범한 특성들을 공짜로 얻고 싶어한다. 얼마전, 여기 나와 함께 앉아 있는 네 명의 인턴에 대해 조사를 했었다. 이들은 모두 열두 개의 언어를 사용한다. 물론, 그래서 내가 인턴을 고용한 건 아니다. 또한, 일을 하는 데 필리핀 원주민 언어가 필요한 것도 아니다. 하지만 이것들을 공짜로 얻을 수 있다. 특이한 능력을 공짜로 얻을 수 있다는 것이 이들에 대한 흥미를 유발하는 한 가지 요인이며 기꺼이 이들을 고용하기로 결정을 한 까닭이기도 하다.

자, 그럼 상품이나 서비스를 구매할 때 어떻게 특별한 가치를 추구하는지 살펴보자. 속도위반 딱지를 끊게 됐다고 생각해보자. 거주하고 있는 지역에 따라, 속도위반 기록이 영구적으로 남는 것을 막기 위해 방어운전 수업을 들어야 할 수도 있다. 이런 경우라면, 강좌를 듣느냐 마느냐의 문제가 아니라 어디서 강좌를 듣느냐가 중요해진다. 평범한 방어운전 강좌와 유머를 가미한 강좌, 미혼 전용 강좌 중 어떤 것을 선택하겠는가? 대부분의 사람들이 평범한 강좌는 택하지 않을 것이다. 왜그럴까? 새로운 특징이 추가된 강좌들은 기본적으로 꼭 필요한 요소 이외의 것들을 전해주기 때문이다. 유머가 가미된 강좌나 미혼을 위한 강좌에는 특별한 가치가 숨겨져 있기 때문에 고객의 입장에서 구미가 당기고 한층 유용하다는 생각이 든다.

언론이나 엔터테인먼트 분야도 마찬가지다. 배우들은 각자 나름대로의 캐릭터를 갖고 있다. 음악가를 비롯한 예술가들은 재능뿐 아니라 개인의 특성을 바탕으로 이미지를 구축한다. 코미디언도 나름대로의 특성을 갖고 있다. 잭 니콜슨을 생각해보자. 대부분의 사람들은 잭 니콜슨이라고 하면 무서운 눈썹과 경계성 인격 장애를 표현한 캐릭터가 가장 먼저 떠오를 것이다.

어떤 분야에서건 성공을 하려면 기억에 남을 만한 독특한 가치를 갖고 있어야 한다. 남들과 차별화되고 특별해지기 위해서 여러분이 어떻게 해야 할지 일러주는 사람은 아무도 없다. 여러분의 일, 행동, 태도 등을 통해 여러분 스스로가 자신이 갖고 있는 특별한 가치를 다른 사람들에게 정확하게 보여줄 수 있어야 한다.

그뿐 아니라, 여러분이 갖고 있는 능력과 독특한 개성이 상대가 추구하는 커다란 목표와 부합한다는 사실을 깨닫게 되면, 상대는 여러분을 쉽게 기억하곤 한다. 예를 들어 유머 감각이 뛰어나다고 생각해보자. 스스로를 사무실의 광대로 전락시키는 대신 왜 유머를 사용하는지 알려 자기 자신을 기억할 만한 존재로 부각시킬 수 있다. "웃음은 긴장을 풀어주고 협동심을 고취시킵니다. 저는 긍정적인 동기부여를 통해 팀을 이끌어나가는 것이 좋다고 생각합니다." 유머라는 자신만의 독특한 역량과 업무상 중요한 목표를 연결시킴으로써 자신이 갖고 있는 특성을 훌륭한 자산으로 바꿔놓을 수 있다. 그뿐 아니라, 무언가 중요한 것을 대변한다는 분명한 메시지를 전달할 수도 있다.

> 항상 자신의 모습을 잃지 말아야 한다.
> 결코 모방해서는 안 된다.
> 위대한 사람은 저마다 독특함을 갖고 있다.
> —랄프 왈도 에머슨

○ 원칙 2. 스스로의 상사가 되어라

　자신의 경력을 제어할 수 있는 위치에 서서 미래를 향해 나아가려면 자신의 운명을 직접 결정하고, 기회를 찾아서 붙들고, 성공으로 가는 오르막길을 꿋꿋하게 나아가는 자신만의 상사가 되어야 한다. 자기 자신이 상사라고 생각하며 어떤 직위를 택할지, 각각의 일에 얼만큼의 노력을 쏟아부어야 할지, 어쩔 수 없이 부딪히게 되는 장애물들을 어떻게 해결할지 결정해야 한다. 뿐만 아니라, 자기 자신과 지적 자산, 감정적인 자산을 남들에게 어떻게 보여줄지, 누구를 동지로 또는 적으로 간주할지도 직접 결정해야 한다.

　이 말에 반박하는 사람이 있을지도 모른다. 아마도 그 사람들은 CEO나 이사 등 자신을 담당하고 있는 관리자들이 자신의 미래에 대한 권한을 쥐고 있다고 생각할 것이다. 어쩌면 주가가 상승하고, 고객 만족도가 높아지고, 수익성이 향상하는 등 회사가 성공을 거두면 그 회사에 무한정 남아 있을 수 있을 거라고 생각할 수도 있다. 하지만 외부 요인이 성공을 가늠하는 잣대가 되어서는 안 된다. 개인의 힘만으로는 외부 요인을 통제할 수 없는 만큼 외부 요인이 성공의 잣대가 되면 항상 외부 요인의 영향을 받게 된다. 하지만 퍼스널 브랜드는 얼마든지 통제할 수 있다. 잘 생각해보기 바란다. 설령 주가가 떨어진다 하더라도 자신이 갖고 있는 능력이나 독특한 자질은 사라지지 않는다. 퍼스널 브랜드가 있으면 그 동안 자신이 승진을 하는 데 도움이 되어주었던 중역이 회사를 떠난다 해도 미래가 무너지진 않는다. 자신이 갖고 있는 개인 자산은 바로 자기 자신의 것이기 때문에 그 누구도 빼앗을 수 없다. 그러므로 개개인이 그 자산을 책임지고 잘 활용해야 한다. 즉 환경적인 요인에서 강점을 찾으려고 하는 대신 자기 자신이 갖고 있는 강점을 찾아야 한다.

'내가 나의 상사가 되어야 한다'는 개념을 온몸으로 받아들이고 실천하는 사람의 예를 살펴보자.

개리 출판사 영업 담당 이사

개리는 온몸에서 자신감이 뿜어져나오는 사람이다. 개리는 출판업계에서 영업 담당 이사로 오랫동안 일해왔지만 한 회사에서 계속 근무하지는 않았다. 예전 출판사는 얼마든지 원하는 가격을 책의 정가로 요구할 수 있었기 때문에 그 동안 많은 수익을 얻어왔다. 하지만 경쟁이 치열해지면서 사정은 180도로 달라졌다. 많은 출판사들이 원가 절감을 통한 가격 인하에 골몰하기 시작한 것이다. 하지만 이런 변화도 개리가 승승장구하는 데에는 아무런 방해가 되지 않았다.

왜 그랬을까? 개리는 한 출판사에 몸을 담고 일을 하면서도 그 회사에만 목을 매지 않았다. 개리는 원한다면 내일 당장이라도 다른 회사를 찾을 수 있었고 회사를 옮긴다고 해도 급여가 약간 달라지는 것 외에 전혀 다른 변화가 없었다. 개리의 고객들은 개리가 파는 물건을 믿고 거래를 하는 것이 아니라 개리라는 사람과 개리가 하는 일을 믿고 구매를 결정했다.

개리는 어떻게 고객들로부터 이 같은 충성심을 이끌어낼 수 있었을까? 개리가 갖고 있는 퍼스널 브랜드의 특징은 다음과 같았다.

■ 개리는 고객과의 관계를 구축한 후에 그 관계를 유지하기 위해 노력한다.
■ 개리는 고객들이 복잡한 일에 휘말리지 않게 막아주고 조직 전체에 고객의 이름을 알리는 방법으로 고객에게 유쾌한 경험을 선사한다.

개리는 자신이 갖고 있는 가장 훌륭한 자산이 무엇인지를 정확하게 파악한 다음, 일을 하면서 지속적으로 그 자산이 돋보이게 했다.

원칙 3. 사다리는 잊어라. 이제는 오르막길이다

아직도 경력을 쌓는 것이란 사다리를 올라가는 것과 같고 사다리의 맨 위칸에 도달하는 것이 궁극적인 목표라고 생각하는 사람들이 많다. 사다리를 올라갈 때는 맨 아래칸에서도 저 멀리 가장 높은 칸을 볼 수 있다. 사다리를 올라가는 것은 경력을 쌓아가면서 한 번에 하나의 이정표를 쌓아가는 것과 같다. 각 칸에서는, 그 순간 맡은 일에 최선을 다하게 된다. 적당한 때가 되면 아무런 방해도 받지 않고 다음 칸에 올라설 수 있기 때문에 어떻게 다음 칸에 올라서야 할지 걱정은 하지 않는다. 그러다 보면 자기만족에 빠질 수 있다.

그러면, 무언가 예상치 못한 일이 생긴다.

어쩌면 다음과 같은 일이 생길지도 모른다.

- 어느 날 문득 지루하고 따분하다는 생각이 든다.
- 좀더 많은 책임을 부여받고 싶다.
- 더 많은 돈을 받고 싶다는 생각이 든다.
- 무언가 새로운 것에 도전하고 싶은 욕구를 느낀다.
- 짜증나는 상사가 많고 조직 문화가 불편하게 느껴진다.

어쩌면 자신이 통제할 수 없는 부분에서 예상치 못한 일이 생길 수도 있다.

- 회사 측에서 적정한 규모로 감원을 해야 할 때가 되었다는 결정을 한다.
- 현재 자신이 담당하고 있는 제품 개발 계획이 취소된다.
- 몸담고 있는 산업이 좋지 않은 일에 휘말려 타격을 입는다.
- 담당 관리자가 여러 명의 팀원들과 함께 회사를 나가버려 회사 측에서 자신의 일자리를 없애버리기로 결정한다.

경력이 사다리와 같다고 생각하는 사람은 어떤 일이 생겨야만 경력의 다음 단계를 생각하고, 이력서를 수정하고, 한동안 연락이 끊겼던 사람들을 찾아나선다. 그뿐인가. 인사 담당자에게 선을 대고, 자기소개서를 작성하고, 자신의 경력을 소개하기 위한 마케팅 자료를 다듬고, 마땅한 일자리를 찾기 위해 엄청난 노력을 한다. 하지만 이 모든 것들은 직업의 세계가 예측 가능했던 시절에나 어울릴 법한 방법들이다.

오늘날의 지식 기반 경제에서는 가끔씩 노력을 쏟아붓는 경력 관리 방식이 최고의 방법이라 할 수 없다. 이제 사다리의 개념을 지워버리고 경력 관리를 하나의 오르막길이라고 생각해야 한다. 오르막길을 올라갈 때는 멈춰 서서 휴식을 취하는 대신 원하는 목표를 향해 끊임없이 나아간다. 이런 경우라면, 다음 단계로 나아가기 위해 계기가 나타나기를 기다릴 필요가 없다. 매일매일 직접 자신의 경력을 관리할 수 있기 때문이다.

- 경력에 변화가 있을 때마다 이력서를 실시간으로 업데이트하고 수정한다.
- 한번 관계를 맺은 이들과는 긴밀한 관계를 유지함으로써 그들의 기억 속에서 사라지지 않도록 한다.
- 목표를 향해 한 걸음씩 다가가는 데 도움이 되는 일과 활동을 추구한다.
- 새롭게 맡는 모든 일에 자신이 갖고 있는 강점과 독특한 재능을 적용한다.

어쩌면 '사다리를 올라가는 것보다 훨씬 일이 많은 것 같은 데'라는 생각이 들지도 모른다. 하지만 평소에 꾸준히 경력을 관리하면 훨씬 적은 노력으로도 훌륭한 성과를 낼 수 있다. 일단 오르막길을 올라가듯이 경력을 관리하겠다는 마음가짐을 갖고 경력 관리를 일상적인 활동의 일부로 만들면 경력 관리를 위해 특별한 노력을 기울일 필요가 없다. 대신, 항상 경력에 대해 생각하고 조금씩 조정하게 된다. 결국 매일 아침 이를 닦는 것과 같이 경력 관리도 반드시 해야 하는 일이 되어버리는 것이다.

하지만 에스컬레이터가 아닌 오르막길이라는 사실을 기억해야 한다. 오르막길에 서서도 여전히 자신의 경력을 통제할 수 있다. 오르막길을 올라가려면 발을 앞으로 내디뎌야 한다. 결국 가장 높은 곳에 도달하기 위한 책임은 자기 자신에게 있는 것이다.

◉ 원칙 4. 브랜드처럼 생각하라

차별화된 경력을 쌓아가야 한다는 말이 전혀 낯설게 느껴지지 않는 사람도 있을 것이다. 기업의 마케팅 담당자들은 오래전부터 차별화 전략을 사용해왔다. 이것이 바로 브랜딩이다. 하지만 차별화된 경력을 쌓아가겠다는 마음가짐이 있으면 회사나 제품이 아닌 자기 자신이라는 브랜드를 만들어나가기 위해 노력하게 된다.

　회사 차원에서 브랜드를 구축하려면 보통 수많은 광고 전문가와 거액의 마케팅 예산이 필요하지만 퍼스널 브랜딩을 위해 필요한 것은 자기 자신뿐이다. 자기 자신이야말로 일주일, 24시간 내내 스스로를 홍보할 수 있는 광고판이다. 매일매일 자신이 하는 모든 일을 통해서 자기 자신, 자신의 가치, 목표, 능력을 세상에 알릴 수 있다. 우리는 모두 이미 자신만의 브랜드를 보유하고 있다. 자신이 갖고 있는 브랜드가 무엇인지 모르고 있거나 그 브랜드가 원하는 방향으로 움직이지 않고 있을 수도 있지만, 어쨌든 브랜드를 갖고 있는 것만은 사실이다.

　이 책에 나와 있는 '1-2-3 성공!' 과정은 차별화된 경력을 쌓아가기 위해 꼭 필요한 퍼스널 브랜드가 무엇인지 파악하고 주위 사람들에게 그 브랜드를 알리는 데 도움이 된다. 다음 장에서는 퍼스널 브랜딩의 기원과 본질을 살펴보고 흔히 갖고 있는 오해를 비롯해 브랜딩에 대한 이해를 돕기 위한 내용들을 살펴볼 것이다.

　누구에게나 주목할 만한 브랜드가 될 기회가 주어진다.

　―톰 피터스, 경영학 분야의 구루

3

성공적으로 경력을 쌓기 위한 퍼스널 브랜딩

이번 장에서 우리는 다음의 내용을 살펴볼 것이다.

- 퍼스널 브랜딩이란 무엇인가(퍼스널 브랜딩에 대한 잘못된 믿음도 살펴볼 것이다).
- 퍼스널 브랜딩의 힘
- 퍼스널 브랜딩을 위한 '1-2-3 성공!' 과정의 단계

누구나 퍼스널 브랜딩을 통해, 비슷한 기술과 능력을 지닌 사람들 사이에서 자신을 차별화시킬 수 있다. 현대 경영학의 진정한 창시자라 불리는 톰 피터스가 1997년 《패스트 컴퍼니》지에 기고한 「브랜드로 승부하라」라는 글을 통해 널리 알려진 퍼스널 브랜딩은 일시적인 유행이 아니며, CEO들만의 전유물은 더더욱 아니다. 퍼스널 브랜딩이 처음 등장한 후 10여 년 동안 수천 개의 기업들과 수천 명의 독립 컨설턴트들이 사실상 전세계 모든 국가에서 경력을 중시하는 전문가들을 대상으로 퍼스널 브랜딩 서비스를 제공해오고 있다. 이그제큐넷은 퍼스널 브랜딩이야말로 중역의 자리를 원하는 구직자들이 가장 유용하게 써먹을 수 있는 도구라고 설명한다.

우리는 리치를 설립한 후 6년 동안 150명이 넘는 경력 관리 전문가, 인사 담당 중역, 이미지 컨설턴트, 이력서 작성 전문가들을 배출해왔다. 그들은 모두 이 책에서 설명하고자 하는 리치의 퍼스널 브랜딩 방법들을 전파했다. 뿐만 아니라 그들은 워크숍, 뉴스레터, 인터넷 학습 프로그램, 화상 세미나 등을 통해 수많은 사람들이 퍼스널 브랜드를 쌓아나갈 수 있도록 도움을 주었다. 그들은 퍼스널 브랜드의 힘이 얼마나 대단한지를 입증한 산 증인들이다. 또한 《포춘》에서 선정한 500대 기업에 속하는 업체들은 모두 기업 브랜드 구축에 많은 관심을 갖고 있으며, 직원들이 퍼스널 브랜드를 구축할 수 있게끔 도움을 주고 있다. JP 모건, IBM, 마이크로소프트, 디즈니, 브리티시 텔레콤, 워너브라더스, 아메리칸 익스프레스 등도 자사에서 운영하는 전문가 양성 프로그램에 리치의 퍼스널 브랜드 구축 워크샵을 포함시키고 있다.

한마디로 말해서, 퍼스널 브랜딩은 이미 일반화된 개념이다. 퍼스널 브랜딩이야말로 직장에서의 성공과 만족을 얻기 위해 실천해야 할 가장 효과적이고 혁신적인 전략이다. 한때는 사치라 여겨졌지만 이제는 필수가 되어버린 퍼스널 브랜딩을 해야 한다는 것은, 빠르게 변해가는 오늘날의 직업 세계에서 변하지 않는 유일한 요소라고 할 수 있다.

퍼스널 브랜딩에 대해 좀더 자세히 살펴보기 전에 퍼스널 브랜딩에 관한 전반적인 사항들을 먼저 살펴보자. 특히 브랜딩이란 무엇인지, 왜 가치가 있는지에 관한 오해들을 먼저 살펴보자. 브랜딩에 대한 잘못된 생각을 버리고 제대로 된 개념을 파악하기만 한다면 브랜딩의 진정한 힘을 높이 평가하게 될 것이다.

오해 1 | 브랜드란 대기업이나 명품에나 필요한 것이다.

그렇다면 진실은?

유명 기업이나 고가의 상품만이 브랜딩을 필요로 하는 것은 아니다. 주변을 둘러보자. 적십자, 뉴욕, 실리콘벨리, 이 모든 것들이 다 브랜드다. 리처드 기어, 조앤 롤링, 오프라 윈프리 등도 마찬가지다. 오프라 윈프리는 코카콜라, 아마존과 함께 인터넷 잡지인 《브랜드채널》에서 발표하는 '독자들이 뽑은 북미 최고의 브랜드' 10위 안에 들었다. 이 사실을 통해 얻을 수 있는 교훈은 무엇일까? 모든 것, 모든 장소, 모든 조직(상품을 파는 곳이든 서비스를 파는 곳이든), 모든 사람이 브랜드가 될 수 있다는 것이다. 그렇다. 그것은 바로 여러분도 브랜드가 될 수 있다는 뜻이다.

오해 2 | 브랜딩은 최신 유행일 뿐이다.

그렇다면 진실은?

브랜딩이라는 개념은 나이키나 코카콜라 같은 업체들이 매출을 높이기 위해 만들어낸 것이 아니다. 산업화 이전부터 사람들은 고객들과 견고하고 지속적인 관계를 맺기 위한 노력의 일환으로 브랜드를 구축해왔다. 알랭 씨네 파이 가게에 자주

들르던 중세 사람들도 그 집에서 파는 파이는 품질이 뛰어날 뿐 아니라 언제나 주인이 따뜻한 미소와 함께 파이를 건넨다는 사실을 알고 있었다. 알랭은 모든 고객들에게 특별한 기분을 선사했기 때문에 고객들은 먼 길을 걸어와 줄을 서고, 다른 가게에서보다 2펜스를 더 내는 걸 아까워하지 않았다. 이제 상거래의 규모가 커지고 대상이 전세계로 넓어졌을 뿐, 브랜드를 갖고 있으면 똑같은 장점을 얻을 수 있다.

오해 3 | 브랜드란 제품 로고나 제품에 붙어 있는 상표일 뿐이다.

그렇다면 진실은?

IT용어 사이트인 왓이즈닷컴에서는 브랜드를 '다른 제품이나 서비스와 공식적으로 차별화되는 제품, 서비스, 개념을 뜻하는 것으로 다른 사람들에게 쉽게 뜻을 전달하고 시장에 내놓는 데 도움이 된다'고 정의한다.

브랜드는 기업의 가장 중요한 자산이다. 브랜드를 구축한다는 것은 단순히 로고나 제품에 붙일 상표를 만드는 것이 아니다. 또한 광고, 우편물 발송 등의 이런저런 마케팅 활동만을 뜻하는 것도 아니다. 브랜드란 어떤 조직이나 개인의 행동, 전달하고자 하는 정보, 제공하고자 하는 내용, 상호작용 등이 모두 포함된 개념이다.

브랜드란 놀이 공원과 같고,

브랜드가 있는 제품은 기념품과 같다.

—닉 그레이엄, 조박서(Joe Boxer) 사의 속옷 사업부 CMO

오해 4 | 브랜딩이란 이미지를 만들어낸다는 뜻이다.

그렇다면 진실은?

요즘 소비자들은 아주 똑똑해서 기업 측에서 내세우는 조작된 이미지에 속아넘어가지 않는다. 잘 만들어진 브랜드는 이미지를 창출할 뿐 아니라 나름대로의 독특한 가치에 대한 약속을 담고 있다. 예를 들어 볼보는 '안전'과 '안정성'이라는 약속으로 다른 자동차 업체와의 차별화를 시도한다. 볼보가 다른 자동차와 충돌했을 때 그 충격으로 폭발하기라도 한다면 "이 차가 제 생명을 살렸습니다"라는 뻔한 멘트를 늘어놓는 멋진 배우가 등장하는 광고를 아무리 내보내더라도 소비자들은 더 이상 볼보가 안전하다고 여기지 않게 된다. 마찬가지로 디즈니가 카지노나 성인용 오락실을 만든다면 사람들은 더 이상 디즈니를 건전한 가족 놀이동산으로 여기지 않을 것이다. 립싱크를 한다는 사실을 팬들에게 들킨 후 사라져버린 밀리바닐리(독일의 듀오. 세계적인 인기를 얻으며 그래미와 아메리칸 뮤직 어워드까지 휩쓸었으나 실제로 노래를 하는 사람이 따로 있고 이들은 노래를 부르는 척을 했을 뿐이라는 사실이 밝혀져 무대에서 사라졌다—옮긴이)의 경우에서 알 수 있듯이, 아무리 뛰어난 브랜드라 해도 계속해서 독특한 가치를 전달할 수 있을 때에만 살아남을 수 있다. 브랜딩이란 바깥세상에 내보이기 위한 인공적인 이미지를 만들어내는 것이 아니라 실제로 남다른 가치를 제공하는 것을 뜻한다.

> 기업의 브랜드는 개인의 평판과도 같다. 어려운 일을 잘 해내기 위해 노력하면 좋은 평판을 쌓을 수 있다.
>
> —제프 베조즈, 아마존닷컴의 창업자이자 CEO

오해 5 | 브랜딩을 하려면 돈이 많이 든다.

그렇다면 진실은?

막강한 브랜드를 구축하는 데 반드시 수백억 달러의 광고가 필요한 건 아니다. 스타벅스를 생각해보자. 스타벅스는 세계에서 가장 잘 알려진 브랜드 중 하나지만 텔레비전 광고는 전혀 하지 않는다. 브랜딩은 마케팅 방법이라기보다 일종의 철학이라고 볼 수 있다. 모든 활동, 모든 행동, 모든 결정을 통해 브랜드가 구축된다. 성공적인 브랜딩을 위해 필요한 건 돈이 아니라 지속적인 노력과 집념이다.

강력한 브랜딩을 통해 기업은 여러 면에서 이익을 얻고 있다. 브랜딩의 이점을 간단하게 소개하면 다음과 같다.

■제품과 서비스에 좀더 높은 가격을 매길 수 있다. 다른 커

피점에서는 절반 가격이면 마실 수 있는데 왜 굳이 스타 벅스를 찾아가서 기꺼이 비싼 돈을 내는 걸까?

■ 시장에서의 가치를 높여준다. 코카콜라의 시장 자산 중 물리적인 자산의 가치는 10퍼센트에 불과하다. 코카콜라 라는 브랜드가 가진 강점이 전체 가치의 90퍼센트 이상을 차지한다. 브랜드 컨설팅 업체인 인터브랜드에 의하면 세계에서 가장 강력한 파워를 지닌 브랜드가 바로 코카콜라다.[1]

■ 서비스와 제품 라인을 확장할 수 있다. 메리어트는 강력한 브랜드를 이용해 메리어트 컨트리야드와 같은 새로운 호텔 체인을 만들어내고 있다(호텔의 경우, 출장을 와서 낯선 장소에 머물게 된 비즈니스맨이나 아이들과 함께 여행을 하는 가족들은 가정집과 비슷한 분위기를 느끼고 싶어한다. 이때 익숙한 브랜드가 눈에 띄면 곧장 그곳에 묵게 될 것이다). 볼보가 주택 보안 사업에 뛰어든다면, 볼보라는 브랜드가 갖고 있는 가치를 활용해 상대적으로 적은 노력만으로도 원하는 바를 얻어낼 수 있을 것이다.

■ 대체로 경기가 좋지 않을 때에도 번창할 수 있다. 강력한 브랜드를 갖고 있으면 어려운 시기를 얼마든지 순조롭게 넘길 수 있다. IT 업계의 거품이 빠졌을 때 살아남은 자가 누구인지 생각해보자. IBM, 애플과 같이 고객들과 지속적인 관계를 유지해온 막강한 기술 브랜드들이 살아남았다. 오랫동안 번성할 것으로 여겨졌던 규모가 작은 신생 업체

들은 사실상 시장에서 사라지고 말았다.

■ 우수한 직원들과 사업 파트너들을 붙들어둘 수 있다. 여
러분이라면 강력한 브랜드를 갖고 있는 업체와 이름조차
알려지지 않은 업체 중 어느 곳과 일하고 싶은가? 사람은
누구나 막강한 브랜드를 장황하게 적어놓은 이력서를 뽐
내고 싶어한다. 유명한 브랜드와 관련이 있다는 사실이
밝혀지면 전문가로서의 명성이 한층 더 빛난다.

막강한 브랜드를 보유하고 있다면 비슷해 보이는 상황에서
도 스스로를 차별화시킬 수 있다. 그것이 바로 브랜딩이 중요
한 이유다. 코카콜라나 펩시콜라를 마시는가? 타깃이나 월마
트에서 쇼핑을 하는가? 바쁜 아침 출근 길에 스타벅스나 던킨
도너츠에 들러 커피를 마시는가? 로스앤젤레스나 뉴욕에 살고
싶은가? 버진항공이나 영국항공을 이용하는가?

사람들은 자신이 선택한 브랜드에 애착을 느낀다. 펩시콜라
를 마시는 사람들은 다른 브랜드의 콜라를 마시는 걸 상상조
차 하지 않는다. 애플 컴퓨터를 열렬히 좋아하는 사람에게 일
반 컴퓨터의 키보드를 만져보라고 권해보면 브랜드에 대한 애
착이 어느 정도인지 확인할 수 있을 것이다. 다음에 쇼핑을 할
때에는 수많은 브랜드가 매장에 진열되어 있음에도 불구하고
거의 반사적으로 그 동안 사용해온 브랜드를 향해 손을 뻗치
는 자신의 모습을 주의 깊게 살펴보기 바란다. 그런 다음, 왜

그 브랜드를 선택하게 되었는지 스스로에게 물어보자.

사람들이 선택하는 브랜드를 살펴보면 퍼스널 브랜드를 이해하는 데 필요한 중요한 실마리를 얻을 수 있다. 자동차, 집, 시계, 옷장, 안경, 좋아하는 레스토랑 등 당신이 선택한 각각의 브랜드는 당신에게 어떤 말을 하고 있는가?

퍼스널 브랜딩은 경력을 쌓아나가는 데 있어 그 무엇보다 중요하다. 사실 많은 사람들이 당신이 원하는 일자리를 똑같이 갈망하고 있다. 조직에 몸담고 있는 사람이라면 상사나 인사 담당 관리자, 중역 채용 담당자가 자신을 선택하기를 바랄 것이다. 직접 사업체를 운영하는 사람이라면 고객으로부터 선택을 받고 싶을 것이다. 한 걸음 더 나아가 고객이 자신을 찾기를 원할 것이다.

바로 그렇기 때문에 자신만의 브랜드가 필요한 것이다.

⊙ 1–2–3 성공!

퍼스널 브랜딩은 고용주와 고객에게 왜 자신이 남과 다르고, 특별하며, 가치가 있는지를 분명하게 알릴 수 있는 가장 효과적인 방법이다. 이런 특성들은 경력을 개발하는 데도 도움이 된다. 브랜딩이란 강점, 능력, 가치관, 열정 등 자신이 갖고 있는 독특한 특징들을 찾아내고, 그 특징들을 활용해 주변의 동료나 경쟁자보다 눈에 띄는 존재가 되기 위해 노력하는 것을 뜻한다. 뿐만 아니라 퍼스널 브랜딩을 통해 자신만이 제공할 수 있는 특별한 가치 약속이 무엇인지를 분명하게 파악할 수 있다. 자신의 브랜드를 자신에 관한 평판이라고 생각해 보자. 평판은 오랜 시간에 걸쳐 서서히 쌓여가는 것으로, 다른 사람들이 자신을 어떻게 생각하고, 말하는가를 뜻한다.

지난 6년 동안 수만 명에 달하는 전문가, 중역, 사업가 들이 이 책의 뒷부분에 나와 있는 자기 이해, 포지셔닝, 의사소통 등의 과정을 밟아왔다. 이들은 이 과정을 통해 자신이 누구인지, 퍼스널 브랜드를 꾸준히 표출함으로써 어떻게 성공할 수 있는지 배워왔다. 이들이 밟아온 세 가지 과정은 추출, 표현, 발산의 세 단계로 이루어져 있다(그림 3-1 참조).

다음 장에서는 브랜드처럼 행동하려면 어떻게 해야 하는지 살펴보고 효과가 뛰어난 이 방법을 통해 많은 것을 얻어내기

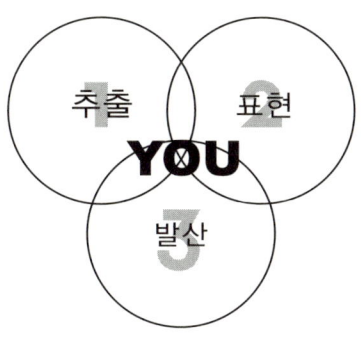

| 그림 3-1 | '1-2-3 성공!' 과정

위해 꼭 필요한 마음가짐, 즉 남들과 차별화되는 경력을 쌓아 가겠다는 마음가짐을 가질 수 있도록 도움을 주고자 한다. 추출 단계에서는 자기 발견 과정을 통해 '나'라고 불리는 독특하고 가치 있는 브랜드를 표현해야 한다. 표현 단계에서는 원하는 목표에 도달하는 데 도움이 될 만한 사람들의 눈에 잘 띄고 그들에게 신뢰를 줄 수 있는 사람이 되기 위해 계획을 세워야 한다. 마지막으로, 발산 단계에서는 자신과 관련된 모든 것, 자신을 둘러싼 모든 것이 자신이 누구인지, 자신이 어떤 것을 가져다줄 수 있는지에 관한 일관된 메시지를 전달할 수 있게 해야 한다.

앞서 설명했듯이, 퍼스널 브랜드는 끊임없이 변화하는 세상에서 변치 않는 유일한 요소라 할 수 있다. 신뢰할 만한 횃불과 같이 퍼스널 브랜드는 여러분을 여러분이 원하는 목표, 즉 만족스럽고 성공적인 위치로 이끌어줄 것이다.

이제 4장으로 넘어가 자신만이 제공할 수 있는 특별한 가치 약속을 찾아내는 방법을 살펴보자.

STEP 1

추출

자신만의 특별한 가치 약속을 찾아라

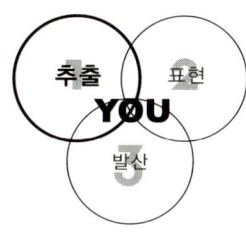

추출 EXTRACT

자신을 파악하라

기억하라, 그것이 바로 다른 사람들이 중요하게 여기는 것이다

브랜드 커뮤니티를 구축하라

브랜드 스토리를 말하라

퍼스널 브랜딩의 추출 단계는 나머지 과정의 기초를 다지는 과정과도 같다. 첫 번째 단계를 통해 퍼스널 브랜드에 관한 모든 것을 찾아내고 이해하게 되며, 퍼스널 브랜드가 좀더 큰 그림 속에서 어떻게 어우러질지도 이해할 수 있다. 4장부터 7장까지는 자기 평가 및 타인을 통해 얻는 정보를 바탕으로 퍼스널 브랜드를 살펴보는 시간이 될 것이다. 또한 자신의 브랜드 커뮤니티를 확인하고 자신의 브랜드를 알리기 위해 사람들이 관심을 가질 만한 이야기를 하는 법도 배워볼 것이다.

4

자신을 파악하라

이번 장에서 우리는 다음의 내용을 살펴볼 것이다.

● 자신의 특별한 가치를 찾아내는 방법
● 비전, 목적, 목표, 가치관, 열정에 대한 정의

퍼스널 브랜드란 자신만이 제공할 수 있는 특별한 가치를 약속하는 것이다. 다시 말해서 주위 사람들이 자신에게 기대하는 것, 또는 자신을 특별하게 만드는 무언가를 뜻한다. 볼보가 안전하다고 정평이 나 있고 애플이 "다르게 생각하는 것"으로 알려져 있는 것처럼 퍼스널 브랜드를 갖고 있으면 자신이 제공할 수 있는 특별한 가치를 인정받고 존중받을 수 있다. 처음 소개받는 사람에게 "말씀 많이 들었습니다"라는 말을 들었던 적이 있을 것이다. 명성을 갖고 있으면 강력한 힘이 생긴다. 그리고 회사에서 다음에 맡을 일에 대해 상사와 논의를 하거나, 새로운 회사에서 면접관을 만나거나, 잠재적인 고객, 투자자, 파트너와 새로 시작하려는 사업에 대해 논의를 하기도 전에 자신만의 독특한 가치 약속을 상대에게 전달할 수 있다.

목표를 향해 나아가는 데 도움이 될 만한 든든한 명성을 쌓으려면 자신이 갖고 있는 특별하고 매력적인 특징이 무엇인지를 알고, 그것을 남에게 정확하게 전달할 수 있어야 한다. 사람은 누구나 독특한 면을 갖고 있다. 사람은 삶의 궁극적인 목적을 충족시켜주는 재능, 능력, 관심사로 이루어진 존재다. 이 특징들을 찾아내려면 시간과 노력 그리고 인내심이 필요하다. 뿐만 아니라 내가 누구인지, 나를 특별하게 만들어줄 요인이 무엇인지 치열하게 고민해야 한다. 자기 자신에 대해 아주 잘 알고 있고, 많은 생각을 하는 사람이라 하더라도 이 과정을 소화하려면 많은 투자를 해야 한다. 추출 단계의 가장 중요한 목표는 자신의 비전, 목적, 목표, 가치관, 열정을 정의하는 것이다.

- 비전
- 목적
- 목표
- 가치관
- 열정

이 다섯 가지 요인을 정의하는 과정은 기업의 브랜딩 작업에서도 비슷하다. 기업에서 브랜드를 키우고자 할 때에는 내적·외적 상황을 연구한 다음, 고객들과 직원들의 관점에서 브랜드를 구체적으로 명시하기 위해 연구 결과를 분석한다. 여러분도 이와 마찬가지로 주위 사람들의 평가, 자신의 판단 등을 바탕으로 자아를 탐구하고 자신의 브랜드를 이해하기 위한 평가를 할 수 있다. 스스로에 대한 평가는 자신이 갖고 있는 브랜드에 관한 전체 그림의 일부에 지나지 않는다. 주변 사람들로부터 솔직한 평가를 얻으면 그림의 나머지를 채워가는 데 도움이 된다. 4장에서는 자신이 지닌 특별한 가치를 본인이 어떻게 평가하고 있는지 살펴보고, 5장에서는 다른 사람들의 평가에 대해 살펴보기로 하자.

4장에서는 이 책의 뒷부분에 실려 있는 실천편에 담겨 있는 실천 과제들이 종종 언급될 것이다. 이 실천 과제들은 자신의 내면을 좀더 깊이 들여다보게끔 구성되어 있기 때문에 지나치게 솔직한 평가를 요구하는 듯한 기분이 들 수도 있다. 하지만 정해진 기간 동안 열린 마음가짐으로 실천 과제들과 익숙해지기 바란다(여러 번 반복하는 것도 좋다). 실천 과제들은 반드시 순서대로 진행해야 하는 것은 아닌 만큼 한 과제를 해결하는 데 어려움이 있다면 바로 다음으로 넘어가도록 하자.

실천편에 담겨 있는 실천 과제들은 퍼스널 브랜딩을 위한 다양한 활동 중 일부에 지나지 않지만 경험상 가장 유용한 내용들을 담아두었다. 최근에 진로 컨설턴트나 선배들의 도움을 받아 자신의 경력을 평가한 적이 있거나 그와 관련된 활동을 한 적이 있다 하더라도, 실천편에 담겨 있는 실천 과제를 그냥 지나치지 말자.

○ 비전과 목적을 분명하게 명시하라

자신의 퍼스널 브랜드를 분명하게 정의하기 전에 먼저 '비전'과 '목적'이라는 큰 그림을 볼 필요가 있다. 비전은 외적인 요인이다. 즉 바깥세상에서 가능할 것으로 보는 것을 뜻한다. 목적은 내적인 요인으로 이 세상이 자신이 갖고 있는 비전을 깨닫게끔 하는 것이다.

비전과 목적을 이해하고 명시하는 것이 추출 단계에서 가장 어려운 과제라고 느끼는 사람들이 많다. 그것은 전혀 놀라운 일이 아니다. 사실, 바깥세상에 내세울 수 있는 비전과 그 비전을 지켜내기 위해 필요한 역할 등에 대해 지속적으로 생각하는 사람은 드물다. 대부분의 사람들은 일상적인 일들에 파묻혀 하루하루를 보내기에 바쁘다. 사람들은 매일 닥치는 급한 일을 해결하고, 가능한 한 많은 업무를 처리하고, 내일 있을 회의를 준비하며 정신없이 시간을 보낸다. 그러므로 추출 단계에서 시간이 많이 걸리더라도 너무 낙담하지는 말자.

우리는 비전이 있는 곳으로 나아간다.
—조셉 머피, 『무의식의 힘(The Power of Your Subconscious Mind)』의 저자

자신의 비전을 명확하게 인지하고, 목적에 맞는 삶을 살아감으로써 성공을 거머쥔 한 회사 중역의 경우를 살펴보자.

크리스토프 지니스트리 루머 퍼블리크 사의 상무

크리스토프 지니스트리가 운영하고 있는 업체는 일종의 홍보 회사로, 자사의 정체성에 대해 뚜렷한 인식을 갖고 있는 업체라 볼 수 있다. 크리스토프는 '소득 수준이나 거주지에 관계 없이 누구나 기술의 혜택을 볼 수 있는 세상을 만든다'는 자신의 비전을 중심으로 회사의 전략을 이끌어나가고 있다. 크리스토프의 목적(비전을 구현하는 데 있어서의 크리스토프의 역할)은 기술의 혜택이 필요한 사람에게 이를 전달해주는 거대한 사회혁명의 리더가 되는 것이다. 루머 퍼블리크는 유럽에서 이름난 IT 홍보업체가 되었다. 지금 그 회사는 IT 시장 내에서 우수한 서비스를 제공하는 최첨단 업체로 인정받고 있다. '지니스트리'라는 브랜드는 이미 많은 수의 세계 최고의 IT 업체들을 고객으로 확보해놓았을 정도로 막강한 영향력을 지니고 있다.

하지만 사업을 시작한 지 1년쯤 지난 후, 담당 변호사와 회계사는 지니스트리의 비전이 그 범위가 지나치게 좁고 새로운 수익을 얻을 수 있는 기회에 제약을 가한다고 말했다. 지니스트리가 사업을 지속할 수 있을 만큼의 충분한 수익을 끌어올 수 있을지 의문을 품은 변호사와 회계사는 사업을 포기하거나 사업 범위를 넓힐 것을 권고했다. 하지만 지니스트리는 자신의 비전과 목적을 버리지 않았다. 화장품·의류·잡화 매장 홍보 등 자신의 브랜드와 맞지 않는 사업은 하지 않았다. 사실 사업 초기, 직원들 월급이라도 제때에 맞춰주려면 안간힘을 써야 하는 시기에 수익률 높은 사업의 기회를 포기한다는 것은 어려운 일이다. 하지만 자신의 비전과 목적을 포기하지 않은 덕에 지니스트리는 많은 것을 얻을 수 있었다.

지니스트리는 원래의 비전을 지켜내는 데 몰두하여 기술이 가져다주는 혜택을 널리 알리는 데 집중했다. 지니스트리는 사업을 확장하고, 자신의 비전과 루머 퍼블리크라는 브랜드와 관련된 새로운 사업도 시작했다. 지니스트리는 IT 업계 중역들이 모여서 회의도 하고 IT 업계의 발전을 도모하는 데 도움이 될 만한 레스토랑을 열 생각을 하고 있다. 지니스트리는 계속해서 기술의 장점을 널리 알리기 위해 강연자들로 구성된 부서를 신설할 계획도 갖고 있다. 뿐만 아니라 기술을 필요로 하는 곳에 이를 선물해주기 위한 재단도 설립했다.

마지막으로, 지니스트리는 영화계에서의 칸 영화제와 비슷한 역할을 할 수 있을 만한 인터넷상의 축제를 만들 계획을 갖고 있다. 이 축제는 창의성 있는 일을 널리 알리기 위해 인터넷을 잘 활용한 사람들에게 상을 수여하고 예우하는 행사가 될 것이다. 지니스트리가 구상하고 있는 인터넷 축제는 비디오 부문, 사진 부문, 시민논객 부문 등으로 나누어 자신의 목표를 달성하기 위해 기술을 잘 활용한 재능 있는 사람들에게 상을 수여할 예정이다. 이와 같은 새로운 노력은 기술이 필요한 사람에게 이것의 혜택을 전해주겠다는 지니스트리의 비전에 부합한다. 기술자가 아닌 자신의 작품을 널리 알리고, 다른 사람들에게 보여주기 위해 기술을 활용한 사람들이 인터넷 축제의 수상자가 된다.

여러분도 자신의 비전과 목적을 분명하게 표현하고 싶다면 이 책의 실천편에 수록된 실천 과제를 수행해보자.

명확한 목표를 정하라

자신의 비전과 목적을 이해하는 것이 중요하다. 하지만 목표를 명확하게 정의하지 않고서는 목적을 달성할 수 없다. 목표가 있으면 목적 달성에 필요한 행동을 하는 데 도움이 된다.

저명한 요가 수행자 베라가 말했듯이 "어디로 가야 할지 모르면, 예상했던 곳과 다른 장소에 이르게 된다."

목표가 있으면 목적지에 도달하는 데, 즉 목적과 비전을 달성하는 데 도움이 된다. 예를 들어 공해가 없는 세상이 비전이고 개개인의 활동이 환경에 미치는 영향을 다른 사람들에게 알리는 것이 목적이라면 다음과 같은 목표를 세울 수 있다.

- 직장에서 재활용 운동을 시작한다.
- 환경단체를 설립한다.
- 개인이 짊어져야 할 환경에 관한 책임을 주제로 연설을 하는 유명인사가 된다.
- 탄소 배출 훈련을 한다.
- 환경 컨설팅 업체에서 사용할 사업계획서를 작성한다.

목표가 있으면 나아갈 방향을 알 수 있을 뿐 아니라 비전과 목적에 집중할 수 있다. 목표를 가장 중요하게 여기면 시간과 에너지라는 소중한 자원을 쓸데없이 낭비하지 않고 목적과 비전을 달성하는 데 도움이 될 만한 활동에 에너지와 시간을 할애할 수 있다.

목표를 명확하게 정의하지 않으면,
원하는 목표에 완전히 몰입하기 전까지는 일상적인 일을

해결하느라 하루하루를 헛되이 흘려 보내게 된다.

—로버트 A. 하인라인, 공상과학 소설가

　마지막으로, 목표가 있으면 자기계발에 도움이 된다. 목표가 있으면 그렇지 않을 때보다 좀더 멀리 가기 위해 노력을 하게 된다. 안타깝게도 대부분의 사람들은 자신의 삶에서 무엇을 원하는지 생각하기보다 휴가 계획을 세우는 데 더 많은 시간을 보낸다. 목표를 명확하게 하기 위한 한 가지 방법은 목표를 높게 잡는 것이다. 달성하기 위해 많은 노력을 해야 하는 목표를 세우는 것이 좋다. 윌리엄은 지난해에 총 38회의 강연을 했다. 만일 윌리엄이 "올해에는 모두 40회의 연설을 해야겠어"라고 이야기한다면 그건 그리 노력을 요구하는 목표가 아니다. 하지만 "올해에는 총 60회의 연설을 해야겠어"라고 말한다면, 윌리엄은 훨씬 더 높은 목표를 잡고 있는 것이다. 예상과 달리 52번밖에 하지 못할 수도 있다. 하지만 40회를 목표로 삼았을 때보다는 훨씬 많은 연설을 한 것은 틀림이 없다.

　자신의 중요한 목표를 언제나 정확하게 알고 있는 사람들도 있다. 이런 부류에 속하는 사람들은 네 살배기 꼬마일 때부터 어서 어른이 되어서 성형외과의, 소방관, 선생님 등 자신이 원하는 무언가가 되고 싶다는 꿈을 갖고서 흔들림 없이 꿈을 향해 나아간다. 그 이름만으로도 훌륭한 브랜드임을 부인할 수 없는 마돈나가 대표적인 인물이다. 마돈나는 아주 어렸을 적부터 유명한 가수나 댄서, 또는 수녀가 될 거라고 이야기했다고 한다.

어린 시절부터 자신의 꿈에 대해 명확하게 알고 있는 사람들도 있지만, 대부분의 사람들은 목표를 명료하게 설정하고 그 목표가 비전과 목적을 달성하는 데 어떤 도움이 되는지를 파악하기 전에 다양한 가능성을 생각하고, 다양한 상황을 고려하고, 다양한 경험을 한다. 자신의 목표를 정의하는 데 도움이 될 만한 과제를 활용해보고 싶다면 실천편을 활용해보자.

 목표를 직접 종이에 적거나 프린터로 출력하여 화장실 거울이나 사무실 전화기 등 매일 볼 수 있는 곳에 붙여두자.

○ 자신의 가치관과 열정을 파악하라

자신이 원하는 인생을 살아가는 것보다 더 큰 평화와 충만함을 얻을 수 있는 방법은 없다. 하지만 대부분의 사람들은 불현듯 이미 때를 놓친 게 아닌가 하는 의문을 느끼는 순간 어른이 되어버린 자신의 모습을 깨닫는다. 우리는 스스로에게 이런 질문을 던진다. '뭔가 부족한 것 같은데. 그렇지 않아?'

맞다. 무언가 더 많은 것이 숨겨져 있는 것은 사실이다. 자신의 가치관과 열정을 이해하면 더 많은 무언가를 찾아낼 수 있다. 가치관이란 자신만의 운영 원칙이자 믿음이라고 할 수 있다. 어디를 가든 항상 가치관은 자신의 곁을 떠나지 않는다. 예를 들어 커스틴의 가치관에는 지혜, 독립, 활동성, 가족, 유연성, 다른 사람과 스스로를 차별화시킬 수 있는 차이점 등이 포함되어 있다. 자신의 가치관을 정확하게 파악하고 있으면 자신과 특정 조직이 잘 어울릴지를 판단하는 데 도움이 되기 때문에 진로 결정을 내릴 때에는 자신의 가치관을 정확하게 파악하는 것이 중요하다. 예를 들어 가족을 소중하게 여기는 사람이라면 '자녀가 있는 직장 여성들이 뽑은 최고의 직장 100곳'에 포함된 조직에서 근무할 때 생산성도 높아지고 만족감도 커진다. 다음 내용을 살펴보면 가치관에 맞는 일을 하는 것이 얼마나 중요한지 알 수 있다.

크리스 에펠 신참내기 사회사업가

크리스는 20여 년 동안 일류 정부 기관에서 일했다. 그러던 어느 날, 자신의 일이 너무 따분하게 느껴졌다. 그래서 민간 부문의 기술 업체로 직장을 옮겼다. 정부 기관에서 했던 일도 쉬운 일은 아니었지만 기술 업체로 옮긴 후 크리스는 자신의 역량을 마음껏 발휘할 수 있었다. 그는 승진을 거듭해 중역의 자리에까지 올라갔으며 혁신을 추구하고, 업무 처리 과정을 개선하고, 놀라운 성과를 내서 회사에서 인정받는 인물이 되었다. 회사 내 어느 부서에서나 어려운 일이 생길 때마다 크리스에게 전화를 걸어올 정도였다. 크리스는 자신이 하는 일에 커다란 만족감을 느꼈다.

그러던 중, 회사가 매각되었다. 경영진은 그에게 회사 주식을 매각하거나 인도에 있는 새로운 본사로 자리를 옮길 것을 요구했다. 크리스는 새로운 일자리를 찾는 게 그리 어렵지 않을 거라 생각하고 주식을 모두 팔고 회사를 떠났다. 크리스는 CEO 담당 컨설턴트 뎁 딥과 손을 잡고 퍼스널 브랜딩에 나섰고, 주변 사람들은 크리스가 조직 내에 기업가 정신을 퍼뜨리는 사람이라는 사실을 알게 되었다. 기업가 정신을 고취시키는 사람답게, 크리스는 변화를 추구할 수 있는 자유를 높이 평가했다(그런 자유를 필요로 하기도 했다).

크리스는 구직 활동을 하던 중 여러 업체에서 좋은 제의를 받았지만 사내에서 기업가 정신을 퍼뜨릴 수 있는 자유와 자신에게 주어졌던 만큼의 책임을 안겨주는 회사를 찾기란 여간 어려운 일이 아니었다. 크리스는 실망했지만 자신의 기대치보다 낮은 일자리를 받아들이지는 않았다.

퍼스널 브랜드를 만들려 노력하는 사람들이 흔히 그러하듯이, 실망감은 그리 오래가지 않았다. 크리스의 브랜드에 꼭 맞는 새로운 기회가 나타난 것이다. 그 기회는 바로 여성 중역들이 IT 분야에서 가능성 있는 사업을 시작할 수 있게끔 도움을 주는 대학 프로그램이었다.

그 프로그램에 참가한 후, 크리스는 사내 기업가 정신에 대한 자신의 관심을 좀더 명료하게 정리할 수 있었다. 크리스는 두 여성과 함께 힘을 합쳐 환자들의 삶의 질을 높이기 위해 필요한 기기를 제조하는 업체를 설립했다. 동시에 구직을 그만두고, 새로운 회사를 설립하여 자신이 속한 공동체에 도움을 주는 일을 하기로 마음을 먹었다. 자신의 개인 브랜드에 충실하게 살아감으로써, 크리스는 자신의 꿈에 걸맞은 삶을 살아가고 있다.

TIP   자신의 가치관을 좀더 정확하게 이해하고 싶다면 마음에 들지 않는 일이 생겼을 때 메모를 해두었다가 왜 그 일에 화가 났는지 스스로에게 물어보자. 자신의 가치관과 맞지 않아서 그랬을 가능성이 크다.

하지만 자신의 가치관을 파악하는 것만으로는 충분치 않다. 자신의 열정, 즉 어떤 일을 할 때 가장 신이 나고 힘이 넘치는 지를 정확히 알 필요가 있다. 버진이라는 브랜드로 잘 알려진 영국의 사업가 리처드 브랜슨은 모험에 대한 끝없는 열정을 갖고 있다. 마사 스튜어트(방송 진행자이자 잡지 발행인−옮긴이) 는 상대를 즐겁게 하고자 하는 지치지 않는 열정을 갖고 있으며, 빌 게이츠는 IT 기술에 대한 열정을 갖고 있다.

열정이 있으면 일을 더 잘 해낼 수 있을 뿐 아니라 인상적인 존재가 될 수 있다. 자신의 열정이 주어진 일과 직접적인 관계가 없다 하더라도, 상사와 자기계발에 관한 이야기를 나눌 때나 취업을 위한 면접 시 열정에 대해 이야기를 하면 한층 더 힘이 솟고 채용 담당자가 더 큰 관심을 보이는 경우가 많다.

함께 일하는 동료들이 열정에 공감하지는 않더라도, 상대가 열정을 갖고 있다는 사실을 존경하고 존중할 가능성이 크다. 윌리엄을 찾아온 한 고객은 유머와 관련된 것이라면 무엇이든 열정을 갖고 있다며 금주의 농담을 문에 붙여두고, 실생활에 일어난 재미있는 이야기를 회의를 할 때마다 들려주고, 세상에서 가장 재미있는 인물 10명의 목록을 직접 뽑을 정도라고 했다. 또 다른 고객은 건강에 남다른 열정을 갖고 있어서 퇴근 후에는 요가를 하고 구내식당에 제안할 건강 식단을 짜고 사내에서 보내는 이메일 메시지 하단에 건강 관련 정보를 적을 정도였다.

데이브 소프트웨어 영업 담당자

데이브는 영업팀장으로서 IT 업체 중역들에게 인프라 소프트웨어를 판매하는 일을 하고 있다. 데이브는 팀 스포츠라면 어떤 종목이든 열정적으로 좋아했다. 모든 통계 내용, 선수, 구장까지 모르고 있는 것이 없었다. 데이브는 항상 스포츠용품 매장을 방문하고, 주말마다 친구들과 축구와 야구를 즐기고, 언제나 스포츠 채널만 들여다볼 정도로 거의 스포츠에 미쳐 있었다.

젊은 시절 데이브는 스포츠에 대한 자신의 열정과 자신의 직업인 IT 소프트웨어 영업을 어떻게 연결시킬 것인지에 대해 관심이 많았다. 결국 여러 고민 끝에 데이브는 두 가지 방법을 생각했다. 첫 번째는 열정을 잃어버리지 않되 일과 열정을 따로 생각하는 것이고, 두 번째는 IT 소프트웨어 회사를 그만두고 스포츠 경기 티켓을 파는 일을 하는 것이었다.

자신의 삶에 이미 익숙해진 데이브는 낮에는 열심히 일을 하고 여가 시간에는 스포츠를 즐기기로 결정했다.

그러던 중 윌리엄이 데이브에게 자신이 하는 일과 자신이 열정을 느끼는 분야를 접목시킬 방법을 찾아볼 것을 권했다. 데이브는 다음과 같은 결론을 내렸다. "이제 찾아냈습니다. 답은 언제나 제 앞에 있었네요." 영업팀이 상대하는 고객 대부분이 조금이나마 스포츠에 관심을 갖고 있었기 때문에 데이브는 영업 프레젠테이션을 할 때 스포츠 용어를 이용하기로 했다. 팀원 전체를 끌어들이기 위해 데이브는 경연대회를 열었다(데이브는 경쟁을 중요하게 여기는 사람이다). 스포츠를 주제로 하는 최고의 프레젠테이션을 만들어낸 팀원에게는 특별 보너스가 주어졌다. 이 경연대회는 팀 전체에 활력을 불어넣었고 그 결과는 대단했다. 매출은 증가했고, 데이브가 속한 팀은 예전보다 일을 즐기게 되었고, 데이브 자신도 일에 만족을 느꼈다. 데이브는 자신이 팀 내에 퍼뜨린 경쟁 정신을 즐겼을 뿐 아니라 팀원들이 뿜어내는 새로운 에너지와 헌신적인 노력에 전율을 느낄 수 있었다.

데이브의 이야기가 보여주듯이 자신의 열정을 자신이 하는 일에 연결시킬 수 있는 창의적인 방법은 얼마든지 많다. 뿐만 아니라 이러한 노력들이 자신의 브랜드를 차별화시키는 창의적인 조합이 될 수도 있다. 예를 들어 커스틴은 기술에 대한 자신의 열정과 다른 사람들이 자신의 일에서 성공할 수 있게끔 도와주고 싶어하는 마음을 결합시켜 성공리에 자신만의 새로운 브랜드를 만들어냈다.

안타깝게도 자신의 열정과는 무관한 삶을 살아가는 사람들이 너무 많다. 여러분도 비슷한 어려움을 느끼고 있다면, 실천편에서 자신에게 가장 큰 힘을 불어넣어주는 활동이 무엇인지 찾아보자.

다섯 개의 손가락이 모여 하나의 주먹이 되듯이
나의 열정도 잘 뭉쳐져 있었다.
요즈음은 추진력이 호전성으로 받아들여진다.
하지만 나는 추진력이 목적이라 생각한다.

—베트 데이비스, 아카데미 상 수상 경력이 있는 여배우

5

기억하라, 그것이 바로 다른 사람들이 중요하게 여기는 것이다

이번 장에서 우리는 다음의 내용을 살펴볼 것이다.

● 외부로부터 자신의 브랜드에 관한 피드백을 얻는 법

● 브랜드의 속성

● 자신의 강점을 활용하는 데 중요한 요소

4장에서는 퍼스널 브랜드를 통해 세상에 기여할 수 있는 자신만의 방식을 명확하게 정의하기 위해 비전, 목적, 목표, 가치관, 열정에 대해 살펴보았다. 하지만 모든 브랜드가 그러하듯이 자신이 갖고 있는 퍼스널 브랜드도 궁극적으로는 다른 사람의 마음속에 존재하는 것이다. 그러므로 자기 자신의 주요한 특성을 이해하는 것뿐 아니라 다른 사람들이 자신을 어떻게 생각하는지 이해하는 것도 중요하다.

　당신이 관리자나 고위직이라면 회사 내 다른 사람들의 솔직한 생각을 알아내는 것이 쉽지 않을 것이다. 지위가 높으면 높을수록 부하직원들은 당신이 듣고 싶어하는 말만 하고, 당신이 정말 알아야 할 이야기는 거의 하지 않기 때문이다. "권한을 좀더 이양하셔야 합니다"나 "다른 직원들이 두려움을 느낍니다" 같은 다른 사람이 전해준 통찰력 있는 말 한 마디로 인해 직업인으로서의 당신의 인생이 완전히 바뀌어버릴 수도 있다. 그래서 현명한 사람들은 다른 누군가가 통찰력 있는 말을 던져주기를 기다리는 대신, 높은 자리로 옮겨갈수록 다른 사람들의 솔직한 평가가 더욱 절실하다는 점을 깨닫고 좀더 적극적으로 타인의 의견을 구한다.

> CEO의 명성은 기업의 성공과 생존 가능성에 지대한 영향을 미친다. 기업의 목표를 위해 잘 활용하기만 하면 CEO의 명성은 훌륭한 자산이 된다.
>
> —레슬리 게인스-로스, 『CEO 캐피탈(CEO Capital)』의 저자

윌리엄의 고객인 소프트웨어 업체 사장은 자신에 대한 주위 사람들의 평판에 유달리 강한 자신감을 보였다. 물론 주위 사람들에게 의견을 물어보고 난 후에는 생각이 바뀌었지만. 그 사장은 직원, 동료, 고객 들로부터 자신의 퍼스널 브랜드에 대한 피드백을 받은 후, 자신에 대한 외부의 평판에 대해 전과는 전혀 다른 생각을 갖게 되었다. 다른 사람들은 그의 자신감을 오만함으로 받아들였고, 빠른 일 처리와 역동적인 성향을 상대방에 대한 무시라고 여겼으며, 오랫동안 생각하는 성향은 무관심으로 생각했다. 하지만 그는 다행스럽게도 주변의 평가를 겸허하게 받아들였을 뿐 아니라 외부 사람들이 바라보는

자신의 브랜드를 수정하기 위해 적극적으로 계획을 세웠다.

　4장을 읽으면서 이미 결론을 내렸을지는 모르겠지만 성공적인 퍼스널 브랜드는 믿을 만하다. 퍼스널 브랜드에는 자신이 갖고 있는 개성과 자질이 모두 담겨 있다. 창의적이고, 역동적이고, 외향적이며, 변덕스러운 사람이라면 예측 가능하고, 꾸준하고, 집중력 있는 사람이라는 퍼스널 브랜드로는 성공하기 힘들다. 자신이 갖고 있는 브랜드의 특성을 이해하고 싶다면 자신을 알고 있는 사람들로부터 정보를 구할 필요가 있다.

 ## 브랜드 특성이란 무엇인가?

　브랜드 특성이 정확히 무엇일까? 브랜드 특성이란 주변 사람들이 여러분에 대해 설명을 하고자 할 때 사용하는 수식어를 뜻한다. 누구나 다른 사람들의 브랜드 특성을 얘기하고 다니지만 미처 깨닫지 못할 뿐이다. "쉘리를 만나보신 적이 있으세요? 쉘리는 우리 회사에서 가장 열심히 일하는 비서입니다." "당신을 헨리에게 소개해드리고 싶네요. 헨리는 아주 꼼꼼해서 자잘한 지출 내역까지도 말씀해드릴 수 있을 겁니다." 이런 말들이 모두 누군가의 브랜드 특성을 표현하고 있다.

　우리의 목표는 다른 사람들이 '나'를 떠올렸을 때 연상하는 특징을 이해하는 것이다. 그렇게 함으로써 가장 매력적이고 주목할 만한 특성들, 즉 자신을 두드러져 보이게 하는 특성들을 극대화시킬 수 있다.

사람은 누구나 이성적인 브랜드 특성과 감성적인 브랜드 특성을 모두 갖고 있다. 이성적인 브랜드 특성이란 능력을 일컫는다. 회계 관리자의 경우를 생각해보면 재무제표를 이해할 수 있는 능력이 이성적인 브랜드 특성에 포함된다. 조직에도 이성적인 브랜드 특성이 존재한다. 자동차 제조업체의 경우, 브랜드에 대한 신뢰성이 합리적인 브랜드 특성이 된다. 하지만 신뢰성만으로 특정한 브랜드를 선택하지는 않는다. 이때 등장하는 것이 바로 감성적인 특성이다. 감성적인 특성(고급스럽다거나, 섹시하다거나, 안전하다는 이미지)은 사람들과 선호하는 브랜드 간의 튼튼한 연결고리를 만드는 중요한 역할을 한다.

몇 년 전 윌리엄이 IBM에서 근무하던 시절에, IBM은 특정한 미들웨어 업체가 다른 업체보다 선호되는 이상적인 브랜드 특성이 무엇인지를 알아보기 위한 연구를 진행했다. 연구 결과는 놀라웠다. 보수적이라고 알려져 있는 IT 업계의 B2B 부문 의사결정권자들이 감성적인 브랜드 특성을 결정적인 요인으로 인식하고 있는 것으로 밝혀졌던 것이다. 물론 제품이 신뢰할 만하고 안정적이어야 함은 두말할 나위도 없다. 하지만 이성적인 기준을 충족시키는 여러 업체들 가운데에서는 감성적인 유대감이 중요한 역할을 하는 것으로 드러났다.

이 같은 결과에 전혀 놀랄 필요는 없다. 결국 우리는 모두 인간이다. 아무리 이성적인 사람이라 하더라도 감정의 영향을 받게 마련이다. 『러브마크(LoveMarks)』의 저자인 사치 앤 사치의 CEO 케빈 로버츠는 저서에서 감성과 특정 브랜드의 성공 사례 간에 중요한 관계가 있다고 주장한다. 그는 강력한 감성적 특성 덕에 일부 브랜드가 고객들로부터 얼마나 대단한 충성심을 얻어내고 있는지 자세히 소개하고 있다. 케빈은 이런 브랜드를 러브마크라 부르며 이 브랜드들은 합리적인 이유 이상의 무언가를 통해 고객의 충성심을 끌어낸다고 강조한다.

사랑: 매력적인 특성이나 혈족 관계 등에서 비롯되는 근본적인 친밀감을 인식하는 데서 생기는 깊고, 부드럽고, 말로 표현할 수 없는 애정의 감정 및 사람을 향한 갈망.

○ 감성적인 브랜드 특성의 힘

퍼스널 브랜드를 이용해 앞으로 나아가고자 하는 사람들에게는(승진, 이직, 창업 중 어떤 길을 택하든 마찬가지다) 감성과 성공적인 브랜드에 관한 이야기가 달콤하게 들릴 수밖에 없다. 감성적인 브랜드 특성이 충성심에 매우 중요한 영향을 미친다면, 내 자신보다 내 주위 사람들로부터 더 많은 충성심을 얻어낼 수 있는 존재가 어디 있겠는가? 우리는 생각과 감정이 있는 사람이기 때문에 제품이나 기업에 비해 유리한 입장에 서 있다.

하지만 오해는 금물이다. 사랑 받는다는 것이 모든 사람을 기쁘게 해야 한다는 의미는 아니다. 만약 당신이 경영진이라면, 누군가는 싫어할 수밖에 없는 결정을 내려야만 한다. 강력한 브랜드는 강경한 태도를 취한다. 즉 모든 사람을 만족시키기 위해 안간힘을 쓰지 않는다. 하지만 주위 사람들과 감성적인 연결고리를 만들어놓으면, 주위 사람들이 자신이 하고자 하는 일에 반대를 하더라도 존중하는 마음을 잃지는 않는다. 지속적으로 자기 자신의 감성적 브랜드 특성을 알림으로써 이런 관계를 만들어나갈 수 있다. 이와 더불어 이성적인 브랜드 특성으로 기반을 만들어두어 감성적인 브랜드 특성을 강화할 필요가 있다. 앞에서 살펴보았듯이, 이성적인 브랜드 특성은 자신의 능력을 알리고 신뢰성을 높이는 데 도움이 된다. 아무리 매력적인 사람이라 하더라도, 다른 사람들에게 자신이 유능하고 일 잘하는 사람임을 인식시키지 못하면 성공하기 어렵다. 가장 매력적인 브랜드들은 이성적인 브랜드 특성들과 감성적인 브랜드 특성들을 잘 조화시킨 것들이다. 다음 이야기를 살펴보자.

로렌 ^{종양 전문 간호사}

무척이나 동정심이 강한 종양 전문 간호사 로렌은 자신이 담당하고 있는 모든 환자들을 열심히 돌본다. 종양 전문 의학계에 종사하는 모든 사람들이 로렌을 알고 있으며 로렌의 동정심에 대해서도 잘 알고 있다.

물론 동정심을 갖고 열심히 일하는 간호사들은 많다. 동정 어린 마음으로 환자를 돌보는 것은 간호사라는 직업의 일부이며 사람들이 간호사라는 힘든 일을 택하는 이유인지도 모른다. 뿐만 아니라 동정심은 간호사가 가져야 할 이성적인 브랜드 특성이기도 하다. 하지만 로렌이 느끼는 환자에 대한 연민은 그 수준을 넘어선다. 로렌은 환자에 대한 강한 연민 덕에 간호사로서 명성을 쌓아갈 수 있었다. 또한 로렌은 환자에 대한 동정심에 의학에 대한 열정을 더하여 환자들이 스트레스와 고통을 줄여나갈 수 있게끔 도움을 주고 있다.

그 동안 쌓아온 명성 덕분에 로렌은 간호사들 사이에서 두각을 나타낼 수 있었다. 대규모의 종양과를 운영하는 한 유명한 병원은 말기암 환자를 위한 암 치료 프로그램에 참여할 특수 간호사를 찾다가 로렌을 고용했다. 이병원에서 운영하는 프로그램에는 집중 치료 과정이 포함되어 있었는데 그중에는 환자가 매우 고통스러울 수밖에 없는 치료 과정도 있었다. 그래서 치료를 총괄하는 의사들은 종양 부문의 전문가이자 남달리 환자들을 따뜻하게 배려할 줄 아는 간호사가 필요했다. 뿐만 아니라 의사들은 환자들의 통증 관리에 도움을 주고 신체적인 어려움이나 고통스러운 상황이 닥쳐도 환자들이 긍정적인 마음을 잃지 않을 수 있게 격려할 수 있는 누군가가 필요했다.

환자들이 힘든 치료 과정을 이겨낼 수 있게 도와줄 유일한 방법이 바로 환자들에게 지속적으로 긍정적인 생각을 일깨워주고 따뜻한 마음으로 환자를 대하는 것이었다. 이것이 바로 로렌의 브랜드였다. 로렌은 집중 치료 프로그램의 유명인사가 되었고, 환자의 통증을 덜어주는 방법을 다른 간호사들에게도 전수했다. 로렌은 동정심이라는 브랜드 특성을 계속해서 발산했고 그 결과 동정심이라는 특성이 결정적인 차이를 만들어내는 분야에서 두각을 나타낼 수 있었다.

◎ 긍정적인 브랜드 특성을 집중 조명하라

모든 사람의 브랜드 특성은 이성적 특성과 감성적인 특성뿐 아니라, 긍정적인 특성과 부정적인 특성으로 나뉜다. 예를 들어 활력이 넘치고 열정적이며 협동성이 뛰어나지만(긍정적인 특성) 인내심이 부족하고 경솔할 수도 있다(부정적인 특성).

퍼스널 브랜딩의 목표는 부정적인 특성은 줄이고 긍정적인 특성을 알리는 것이다. 브랜딩의 가장 큰 매력이 바로 자신의 강점과 매력을 최대한 부각시킬 수 있다는 것임을 잊지 말자.

> 누구나 반란을 일으킬 수 있다. 오히려 조용히 내면의 충동에 복종하고 자신의 기질과 재능을 표현하기에 적합한 방법을 찾는 것이 어려울 뿐이다.
> —조르주 루오, 프랑스 예술가

기업들이 브랜드를 강화시키는 방식이 바로 부정적인 특성을 없애고 긍정적인 특성을 어필하는 것이다. 한때 촌스럽고 관료적이라고 여겨졌던 IBM의 경우를 생각해보자. IBM은 덜 관료적인 문화를 만들기 위해 조직적인 변화를 시도했다. 그리고 동시에 자신들의 긍정적인 변화를 세상에 널리 알리기 위해 e-비즈니스 마케팅 전략을 도입했다. 그로 인해 이제는 대부분의 사람들이 IBM을 느려터진 초대형 컴퓨터 환경에 갇혀 있는 기업이 아니라 인터넷 혁신의 선두주자로 기억한다.

◉ 자신의 강점을 기록하라

대다수의 자기계발 프로그램들이 참가자들이 선천적으로 갖고 있는 장점과 재능을 극대화하는 대신 단점을 해결하는 데 치중하고 있는 걸 보면 안타깝기 그지없다.

퍼스널 브랜드를 구축하려면 강점, 즉 자신만의 기술과 역량을 이해하고 활용하는 것이 중요하다. 물론 약점을 인정하고 관심을 갖는 것도 중요하지만, 자신이 즐길 수 있고 잘할 수 있는 기술을 찾아내 활용하는 데 많은 에너지를 쏟아야 한다. 이런 기술을 '동기가 부여된 기술'이라고 부른다. 왜 동기가 부여된 기술을 활용하는 데 집중해야 할까? 그렇게 함으로써 자신을 차별화시킬 수 있고 일을 통해 최고의 만족을 얻어낼 수 있기 때문이다. 자신의 심리 상태에 관심을 기울이면 자신의 '동기가 부여된 기술'은 무엇인지를 알아낼 수 있다. 직장에서 어떤 일을 할 때 가장 행복한 기분이 드는가? 대가를 받지 못한다 하더라도 기꺼이 활용하고 싶은 기술은 무엇인가?

사람들 중에는 여러 분야에 재능이 있는 이들도 많다. 하지만 그들이 자신의 모든 기술을 즐기는 것은 아니다. 예컨대 시장조사 보고서를 분석하는 능력이 남들보다 뛰어나지만 그 일 자체를 싫어할 수도 있다. 이런 경우라면, 시장조사 보고서를 분석하는 일은 일종의 소모적인 기술이라고 할 수 있다. 자신의 브랜드를 알리고자 할 때는 자신의 여러 기술 중 소모적인 기술이 무엇인지를 파악하고 그것에 대해서는 언급하지 않는 것이 좋다. 이력서에 소모적인 기술을 언급해두면, 새로운 직장에서도 뜻하지 않게 싫어하는 일을 하게 될 수도 있다.

> **Tip** 하루 일과가 끝날 때마다, 문제를 해결하거나 추가적인 가치 부여를 위해 자신의 강점을 얼마나 활용하였는지를 되돌아보자. 이런 과정을 반복하면 자신감이 생기며, 강점을 강화시킬 수 있게 된다.

물론, 자기 성찰을 통해 동기가 부여된 기술을 찾아낼 수도 있겠지만 다양한 사회 경험을 통해서도 스스로 즐길 수 있는 능력을 파악할 수 있다. 예컨대 다른 사람들은 인식하지 못하는 자신만의 강점이 있을 수도 있고, 다른 사람들은 모두 알고 있는데 자신만 깨닫지 못한 강점이 있을 수도 있다. 자신의 강점을 분명하게 알고 있는 톰 몬하임의 이야기를 들어보자.

톰 몬하임 가격 책정 담당자

창의적인 사고와 뛰어난 분석력을 갖고 있는 톰은 자신의 이 두 가지 강점을 활용해 마케팅 조직에서 특별한 가치를 인정받고 있다. 별개의 것으로 보이는 이 두 가지 특성을 모두 지닌 사람을 찾기란 쉽지 않다. 하지만 톰은 분명 이 두 가지 특성을 갖고 있다.

톰은 팀원들과 함께 가격 책정 방식을 혁신했고 그 결과 엄청난 이윤 증가를 이끌어낼 수 있었다. 마케팅, 재무, IT 분야를 두루 거치며 경험을 쌓은 톰은 전략, 분석력, 기술이라는 이상적인 조합을 통해 많은 이익을 얻을 수 있었던 것이다. 톰과 같이 이 틈새 분야에서 성공을 하려면 전략적인 가격 관리의 과학 및 예술을 모두 감당할 수 있어야 하는 만큼 창의적인 사고와 논리적인 사고 능력을 모두 갖추고 있어야 한다. 가격 책정이라는 창의적인 영역에는 단순한 숫자 이상의 무언가가 존재하며 사업 분할을 위한 창의적인 방법을 찾아내고, 고객이 인식하는 가치 수준을 평가하고, 혁신적인 가격 구조 및 가치를 만들어낼 수도 있어야 한다. 톰은 마케팅, 전략 기획, 전략적 가격 책정 분야에서 중요한 역할을 하는 동안 창의적인 특성들을 갈고 닦을 수 있었다.

톰의 비전은 조직과 개인이 규모 면에서나 수익 면에서나 눈부신 성장을 거듭할 수 있게끔 도움을 주는 것이다. 가격 책정 전문가인 톰은 전략적 가격 책정 분야에서 탁월한 생각과 능력을 가진 유명강사로 성장하였으며, 수익을 극대화시키는 가격 책정 방법을 개발하는 분야의 선구자가 되었다. 톰은 자신의 업무 외에 부동산에도 투자를 하고 있으며 자신의 의뢰인들이 효율적인 자금 관리를 통해 한층 나은 삶을 누릴 수 있게끔 도움을 주고 있다.

다음에 소개할 '자신의 강점을 찾기 위한 연습'을 읽어보면 즐기며 활용할 수 있는 자신만의 기술을 활용하는 것이 얼마나 중요한지 다시금 깨달을 수 있다. 이 책의 실천편을 활용해 강점을 강화시키기 위한 훈련을 해보자.

자신의 강점을 찾기 위한 연습

갤럽은 강점을 기반으로 하는 경영 방식을 널리 퍼뜨리기 위한 운동을 시작했다. 마커스 버킹엄과 도날드 O. 클리프턴이 집필한 『위대한 나의 발견, 강점 혁명』을 보면 좀더 자세한 내용을 알 수 있다. 강점 운동은 자신의 가장 뛰어난 재능을 잘 활용할 때 좀더 빨리 성장할 수 있다는 믿음에 바탕을 두고 있다. 하지만 안타깝게도 우리는 대부분 어린 시절부터 강점을 활용하기보다 단점을 고치라고 배워왔다. 3학년 때 아무리 산수를 잘했다 하더라도 4학년 때 만난 담임 선생님은 산수를 잘하는 것에 대한 칭찬은 하지 않고 글씨를 못 쓰니까 글씨 연습을 하라고 충고한다. 첫 직장에서 만난 상사는 당신에게 커뮤니케이션 기술과 홍보 능력은 뛰어나지만 프로젝트 관리 능력이 부족하다며 프로젝트를 관리하는 법을 가르치는 워크숍에 당신을 보내버린다.

우리는 모두 성공하려면 장점을 극대화하기보다 단점을 없애야 한다는 잘못된 믿음을 갖고 있다. 그러나 남들과 차별화되는 자신만의 경력을 갖고자 한다면, 성공에 걸림돌이 되는 약점에만 관심을 둘 것이 아니라 자신의 강점을 극대화시키고 주위 사람들이 그 장점을 더 잘 알아볼 수 있게 만들어야 한다.

퍼스널 브랜드를 만들고 싶다면, 자신의 강점과 자신만의 매력이 무엇인지를 파악한 다음 목표를 달성하기 위해 그것을 최대한 활용할 필요가 있다.

우리는 모두 훌륭한 재능을 갖고 태어난다. 우리는 모두 스스로를 드러내고, 다른 사람들을 즐겁게 하고, 강해지고, 의사소통을 하기 위해 자신에게 주어진 재능을 사용한다. 그런데 어린 시절부터 자신의 재능을 찾고 개발하기 시작하지만 자신은 특별한 존재이며 모든 사람이 자신과 똑같은 재능을 갖고 있지는 않다는 사실을 깨닫지 못하는 경우가 많다.

—린 존스턴, 캐나다 만화가

　당신은 지금까지 자아 성찰을 통해 자신의 비전, 목적, 목표, 가치관, 열정이 무엇인지를 파악하였으며, 다른 사람들이 자신을 어떻게 인식하고 있는지를 살펴봄으로써 자신이 지닌 브랜드의 특성과 강점을 모두 파악했다. 이제 당신의 브랜드 커뮤니티, 즉 목표를 달성하기 위해 당신의 브랜드를 꼭 알아야만 하는 사람들이 누구인지를 살펴보자.

6

브랜드 커뮤니티를
구축하라

이번 장에서 우리는 다음의 내용을 살펴볼 것이다.
● 브랜드 커뮤니티를 구성하는 사람은 누구인가
● 차별화 수준을 평가하는 방법
● 목표 청중의 중요성

자신의 퍼스널 브랜드를 명확하고, 일관성 있게, 지속적으로 전달하는 법을 파악하기 전에(그 방법에 대해서는 Step 2에서 다룰 것이다) 우선 자신의 목표 청중이 누구인지부터 알아야 한다. 진로 계획을 철저하게 세우는 사람들은 자신의 브랜드 커뮤니티에 속해 있는 구성원들과의 관계를 결코 소홀히 하지 않는다. 브랜드 커뮤니티는 그림 6-1에서 볼 수 있는 바와 같이, 자신을 알고 있는 사람들과 자신을 알아야만 하는 사람들로 구성되어 있다.

브랜드 커뮤니티는 여러 개의 동심원으로 이루어진다. 그림에서 나와 가장 근접한 원에 있는 사람들은 나를 가장 잘 알고 있는 사람들인 만큼 나의 퍼스널 브랜드에 대해서도 가장 잘 알고 있어야 하는 사람들이다. 중심에서 멀어지면 멀어질수록 퍼스널 브랜드에 대한 인지도는 약해진다. 우리의 목표는 브랜드 커뮤니티에 속한 모든 구성원들에게 강력하면서도 일관성 있게 브랜드의 존재를 알리는 것이다. 나의 브랜드 커뮤니티에 속한 구성원들이 나의 퍼스널 브랜드를 인식하고 이해하면 각자 자신의 브랜드 커뮤니티에 속한 구성원들에게 나의 퍼스널 브랜드를 알리게 된다. 결국 더 많은 사람들에게 나만이 제공할 수 있는 특별한 가치 약속을 알릴 수 있게 되는 것이다.

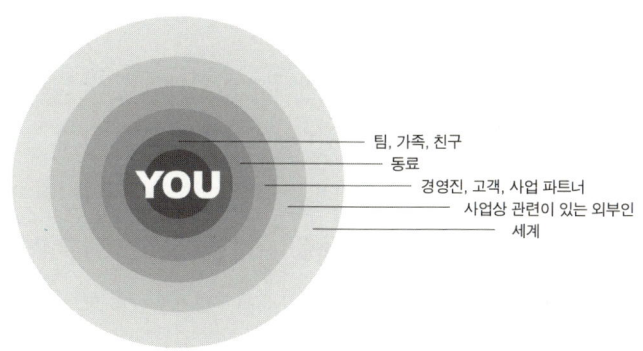

| 그림 6-1 | **브랜드 커뮤니티**

브랜드 커뮤니티에 속하는 구성원은 다음과 같다.

■ 부하직원, 상사, 친구, 가족: 이 그룹은 자신을 가장 잘 알고 있는 사람들로 구성된다. 이 사람들은 당신의 브랜드

에 대해 아주 잘 알고 있기 때문에 당신을 대신해서 다른 사람들에게 퍼스널 브랜드를 알릴 수 있다. 그런데 부하직원들을 왜 이 범주에 포함시키는 걸까? 부하직원들은 특별한 리더십을 갈구하는 사람들이다. 부하직원들은 상사를 따르고 팀에서 원하는 결과를 만들어내기 전에, 상사가 어떤 사람이며 무엇을 추구하는지를 알고 싶어한다. 또한 당신의 상사는 목표를 달성하는 데 중요한 존재인 만큼 상사도 포함시켰다. 상사가 당신에 대해 잘 알고 있으면 당신이 원하는 방향으로 경력을 쌓아나가는 데 도움이 된다.

■ 동료: 상사나 부하직원뿐 아니라 동료에게도 자신의 가치를 증명해 보일 필요가 있다. 여기서 동료란 현재 몸담고 있는 회사의 동료들, 그리고 다른 회사 직원이지만 자신과 같은 일을 하는 사람들을 가리킨다. 현재 몸담고 있는 부서의 최고 권력자나 회사의 CEO에게만 잘 보이면 되는 시절은 이미 오래전에 지났다. 성공하려면 동료들에게 자신의 가치를 지속적으로 보여주어야 한다. 그렇게 할 때에야 비로소 남들보다 돋보일 수 있고 존경과 명성을 얻을 수 있다.

■ 경쟁자: 동료들은 곧 같은 목표를 향해 나아가는 경쟁자가 될 수 있다. 결국 내가 내민 이력서는 미래에 내 상사가 될 사람의 책상 위에, 동료들의 이력서와 함께 놓이게 된

다. 그러므로 동료들과의 관계를 돈독히 하고 좋은 평판을 얻기 위해 노력하는 한편, 자신이 동료들과 다른 점이 무엇인지를 분명하게 알릴 수 있어야 한다. 어떤 사람들과 함께 있을 때 자신이 돋보이는지를 알지 못한다면 어떻게 두각을 나타낼 수 있겠는가? 경쟁자들과 별반 다른 점이 없다면 미래의 상사나 고용주, 또는 고객이 당신을 선택할 이유가 없다. 그들이 주저없이 당신을 선택하게 하기 위해서는 자신이 특별한 이유를 그들에게 알릴 수 있어야 한다. 자신을 경쟁자들과 차별화시키는 요인이 브랜드 특성인 경우도 있다.

> **Tip**　자신만의 차별성이라고 내세울 수 있는 특성이 무엇인지 궁금하다면, 앞장에서 살펴본 자신의 강점이 무엇인지 다시 한 번 살펴보고, 동료들의 강점이 무엇인지 관찰해보자. 자신을 경쟁자들과 비교했을 때 유사점과 차이점을 찾아내는 것이, 차별성을 파악하기 위해 가장 먼저 해야 할 일이다.

　경쟁자들과 다른 점이 무엇인지 알고 싶다면, 먼저 경쟁자들과 어떤 점이 닮았는지를 살펴보는 것이 좋다. 두 가지 사례를 살펴보자.

라리사 패션업체의 재정 담당 매니저

라리사는 동료들과 비교해서 비슷한 점과 다른 점을 찾아내기 위해, 자신의 모습과 특성을 돌아보고, 동료들의 장단점은 무엇인지 유심히 관찰해보았다. 그리고 아래와 같은 리스트를 만들어 공통점과 차이점을 정리했다.

같은 점
- 회계 관련 학위
- MBA 이수
- 10년간의 경력
- 조직적인 업무 처리
- 꼼꼼한 성격
- 윤리적임
- 신뢰할 수 있음
- 정적인 업무에 익숙함

다른 점
- 팀의 성과를 중요하게 여기며 협동적임
- 대학 재학 중에 패션 분야에서 5년 동안 일한 경험
- 패션에 대한 관심
- 감각적이며 트렌드에 민감한 편
- 보석 디자인을 취미 활동으로 하고 있음
- 탁월한 프레젠테이션 능력
- 재치 있음
- 자신감이 강함

마커스 사무용 가구 회사의 영업 담당 중역

마커스가 동료들과 비슷한 점과 다른 점은 다음과 같다.

같은 점
- 이공계 학사 학위
- 8년간의 영업 경력
- 화술이 뛰어남
- 자신감이 있음
- 사무용 가구에 대한 지식

다른 점
- 고객을 위해 최선을 다하는 자세
- 사람에 대한 진심 어린 관심
- 무조건 돈벌이에만 집착하지 않는 태도
- 탁월한 관계 형성 능력
- 고객 관리를 위한 전화 통화를 즐김
- 다섯 개의 주에서 거주한 덕에 다양한 지역의 인맥을 갖고 있음
- 유창한 스페인어 실력

- 사내 경영진, 고객, 사업상 파트너: 오늘날 직업의 세계에서는 혼자 일을 하는 경우보다 하나의 목표를 위해 조직 내의 여러 부서들과 함께 프로젝트를 진행하는 경우가 많다. 자신의 업무 부서, 지리적 위치 등에 구애받지 않고 최선을 다하면 한층 더 가치 있는 존재가 될 수 있다. 그렇기

때문에 조직 내에서의 역할이나 부서와 상관 없이 조직 내의 모든 사람들에게 자신의 브랜드를 알려야 한다. 다른 부서의 상사, 사내 고객, 지속적으로 함께 일을 하게 되는 외부 인사 등이 모두 브랜드 커뮤니티의 구성원인 것이다.

■ 외부 인사: 세계화 추세로 인해, 자신의 회사 내에서 퍼스널 브랜드를 알리는 것만으로는 충분하지 않게 되었다. 성공하고 싶다면, 좀더 커다란 커뮤니티의 일원이라는 점을 널리 알려야 한다. 사외에서 존재감을 드러내면 현재나 미래에 자신의 진로에 영향을 줄 수 있는 사람들에게도 퍼스널 브랜드를 알릴 수 있다. 뿐만 아니라 외부에서 충분한 입지를 확보하면, 그만큼 조직 내에서도 더 좋은 대우를 받을 수 있다. 브랜드 커뮤니티의 네트워킹 요소는 14장에서 자세히 다룰 예정이다.

목표 청중의 중요성

목표 청중은 브랜드 커뮤니티의 일부로, 경력상의 최고 목표에 도달하기 위해 가장 중요한 존재이기도 하다. 따라서 목표 청중과 지속적인 관계를 유지하는 것이 중요하다. 먼저 목표 청중과 대화를 시작한 다음, 지속적으로 그들과 대화하기 위해 노력해야 한다. 지속적인 의사소통을 통해 목표 청중과 돈독한 관계를 쌓아나가는 것은 굉장히 중요한 일이다.

> 모든 사람은 상호성이라는
> 피할 수 없는 그물 속에 갇혀 있다.
> —마틴 루터 킹 주니어, 민권 운동가

일반적으로 기업들은 자신들의 고객들과 지속적인 관계를 유지해야 한다는 원칙을 잘 숙지하고 있다. 예컨대 볼보 사는 《워킹 마더》라는 잡지가 발행될 때마다 광고를 실어 어머니들에게 볼보 자동차의 안정성을 알린다. 그리고 코카콜라 사는 제품 진열, 전광판, 텔레비전 광고, 자판기, 거리에서 코카콜라 캔을 들고 마시는 고객 등을 통해 하루에도 수천 번씩 전세계에 코카콜라라는 브랜드를 홍보한다.

'Step 2 표현'에서 살펴보겠지만, 원하는 목표를 달성하려면 목표 청중에게 브랜드를 알리기 위해 '3C' 원칙을 염두에 두어야 한다. 그 중 첫 번째는 명쾌함(Clarity)으로 자신의 특별한 가치 약속을 표현하는 것을 뜻한다. 두 번째는 일관성(Consistency)으로 홍보 내용 및 방식을 통해 항상 일관성 있는 메시지를 전달하는 것이다. 세 번째는 지속성(Constancy)으로 꾸준히 브랜드를 알려야 한다. 3C 원칙만 지키면 항상 목표 청중의 관심을 끌 수 있다.

윌리엄은 목표 청중의 관심이 얼마나 중요한지를 몸소 경험했다. 코닥 사가 대량 해고를 감행한 후 윌리엄은 뉴욕 로체스터에 있는 한 라디오 방송국에서 인터뷰를 하게 되었다. 그는 그 인터뷰에서, 퍼스널 브랜드를 구축하면 대규모 감원 등의 위기를 뚫고 살아남는 데 도움이 된다고 말했다. 그러자 한 여성이 전화를 걸어와 다음과 같이 말했다.

저는 정말 열심히 일해요. 언제나 다른 직원들보다 일찍 출근하고 근무시간 내내 제 자리를 떠나지 않아요. 일을 남겨둔 채 퇴근한 적도 없어요. 하지만 몇 주 내로 해고될 거라는 사실을 어제 알게 되었어요. 어떻게 했어야 해고를 면할 수 있었을지 저는 정말 모르겠습니다. 저처럼 열심히 일하는 사람은 별로 없을 것 같은데 말이에요.

이 청취자의 이야기를 통해 알 수 있듯이, 이제는 열심히 일한다고 해서 일자리를 보장받을 수 있는 시대가 아니다. 물론 열심히 일하는 것이 가장 중요한 것이기는 하다. 좋은 성과를 내지 못하는 사람은 어떤 곳에서도 환영받을 수 없다. 하지만 자신의 경력을 주도적으로 관리하고 싶다면 근면 성실 이상의 무언가가 필요하다. 주위 사람들에게 자신이 어떤 일을 어떻게 하는지 지속적으로 알리는 것이 중요하다. 전화를 걸었던 청취자는 단순히 일만 열심히 하는 것이 아니라, 주위 사람들에게 자신의 퍼스널 브랜드를 지속적으로 알려서 가장 성실한 직원이라는 평판을 쌓았어야만 한다.

사실과 달리 과장된 내용을 알리라는 뜻이 아니라 자신을 특별하게 만들어주는 평판을 쌓아가야 한다는 뜻이다. 다른 사람들의 눈에 띄는 존재가 된다는 것은 자기 자신에 관해 떠벌리는 것이 아니라, 브랜드 커뮤니티의 구성원들과의 지속적인 접촉을 통해 자신을 차별화시키는 요인이 무엇인지를 파악하는 것이다.

> **TiP** 다른 사람들이 앞다투어 나의 강점과 업적을 알리게 하라.

윌리엄은 영국 BBC 방송국에서 진행하는 퍼스널 브랜딩 관련 프로그램에 초청 전문가로 출연한 적이 있었다. 텔레비전 프로그램 관련 일을 하다 보면, 스태프들이 스크린을 설치하거나 각종 장비들을 준비하는 동안 제법 오래 기다려야 할 때가 있다. 카메라가 돌아가지 않을 때, 윌리엄은 그 프로그램의 감독이었던 피오나 오설리번과 브랜딩에 관한 이야기를 나누게 되었다.

대화를 하던 중 특별히 관심을 끌 만한 내용이 있었다. 윌리엄은 피오나에게 브랜드에 관한 모든 것을 말해주었다. 윌리엄은 에펠탑을 예로 들어, 에펠탑이 그 자체로서 특별한 가치 약속을 갖고 있는 하나의 브랜드일 뿐 아니라 프랑스와 파리를 대표하는 브랜드 상징이라고 설명했다. 그는 피오나에게 이렇게 말했다. "열 명을 붙들고 에펠탑에 대해 물어보세요. 그러면 모두가 비슷한 반응을 보일 겁니다. 그것이 바로 그 브랜드가 얼마나 강한지를 보여주는 겁니다. 에펠탑은 아마도 프랑스 국기보다 더 널리 알려져 있을 겁니다."

몇 년이 지난 후, 윌리엄은 피오나로부터 한 통의 전화를 받았다. 피오나는 디스커버리 채널로부터 〈에펠탑의 비밀〉이라는 프로그램의 감독을 맡아달라는 제의를 받았다고 말했다. 피오나는 윌리엄에게 프로그램 초반부에 등장해 에펠탑에 대한 소개를 해줄 수 있겠냐고 물었다. 윌리엄이 자신의 브랜드를 알리는 데 집중을 했기 때문에 자신이 좋아하는 일, 그리고 정말 잘하는 일을 할 기회를 얻게 되었던 것이다.

◉ 당신의 목표 청중은 누구인가?

목표 청중은 자신이 원하는 경력상의 목표를 달성하는 데 가장 도움이 되는 사람들로 구성되어 있다는 사실을 기억해야 한다. 그렇다면 당신은 당신의 목표 청중을 알고 있는가? 목표 청중이 누구인지 파악하려면 우선 자신의 진로 목표가 무엇인지부터 알아야 한다. 현재의 회사에서 좀더 높은 자리로 승진하는 것이 목표라면 목표 청중 중 상당수를 정확하게 파악할 수 있다. 조그만 소프트웨어 업체에서 마케팅 이사로 일하고 있는 파멜라는 지금 다니는 회사에서 자선사업을 하고 싶어한다. 파멜라가 생각하는 목표 청중은 다음과 같다.

- 현재 사내에서 자선사업을 담당하고 있는 부사장
- 자선사업팀 관리자
- 인사 담당 부사장
- 홍보 담당 관리자(기업의 사회적 책임을 알릴 책임을 맡고 있는 사람)
- 현재 그녀의 직속 상사
- 회사 CEO

다른 업계나 부서, 지점으로 옮길 생각이거나, 이 중 두 가지 이상의 변화가 생길 예정이라면 목표 청중을 구체적으로 정의하기 어려울 수도 있다. 그런 경우라면 인구 통계 데이터, 성향 데이터, 직위 데이터 등을 통해서 목표 청중을 파악해야 할지도 모른다. 인구 통계 데이터를 통해 목표 청중을 정의하려면 다음 사항들을 살펴봐야 한다.

- 연령
- 성별
- 경력/직위/직책

- 수입
- 근무하고 있는 지점/위치
- 학벌

성향을 중심으로 목표 청중을 알아보려면 다음 사항들을 살펴봐야 한다.

- 여가 시간에 무엇을 하는가?
- 어떤 종류의 글을 즐겨 읽는가?
- 정보를 얻기 위해 어떤 사이트를 방문하는가?
- 어떤 신문이나 잡지를 읽는가?
- 업무 외에 어떤 전문적인 활동을 하는가?
- 업무 외에 어떤 봉사 활동을 하는가?

○ 목표 청중에 집중하라

효과적인 브랜딩을 하기 위해 가장 중요한 요소는 바로 집중이다. 전세계에 자신의 브랜드를 알릴 것이 아니라, 자신이 목표를 달성하는 데에 도움이 되는 구체적인 사람들에게 브랜드를 알려야 한다. 볼보가 스무 살의 젊은이들에게 안전의 중요성을 알리기 위해 자원을 낭비하지 않는 것(이들의 관심은 안전성보다는 속도다)과 마찬가지로 목표 청중이 누구인지 분명하게 정의해야 한다. 윌리엄은 항상 다음과 같이 이야기한다. "퍼스널 브랜딩은 무작정 유명해지는 것이 아니라 선택적인 대상을 상대로 이름을 떨치는 것입니다." 다음 이야기를 살펴보면 자신의 브랜드를 알리기 위해 어떤 식으로 집중해야 하는지 알 수 있다.

카일 제약업체의 마케팅 담당 중역

카일은 대형 제약회사에서 마케팅 담당 이사로 일하고 있다. 카일은 대형 광고회사들과 거래하길 원하며, 나중에 직접 광고회사를 차릴 생각도 갖고 있다. 카일이 생각하는 목표 청중은 다음과 같다.

- 회사 내의 팀원, 동료, 상사
- 대형 제약회사의 CEO
- 광고회사의 중역
- 마케팅 담당 중역
- 제약 업체 R&D 담당자 및 신제품 개발 담당자
- 마케팅 담당 중역들과 함께 일하는 채용 담당자

카일은 자신의 목표 청중에 포함되는 모든 구성원들과 대화를 하겠다는 계획을 세웠다. 뒤에서 카일의 커뮤니케이션 계획에 대해 좀더 자세히 살펴볼 것이다.

몇 개의 목표를 정해 에너지를 집중적으로 쏟아붓는 것보다
인생에 활력을 불어넣는 데 더 도움이 되는 방법은 없다.

—니도 쿠베인, 비즈니스 컨설턴트이자 작가 겸 강연자

　카일처럼 목표 대상을 명확하게 설정하면 목표 청중과 관계
를 형성해나가는 일이 그리 어렵지 않다. 목표 청중과의 관계
형성이 어렵지 않다는 건 좋은 일이다. 사실 브랜드 구축 외에
도 매일 해야 할 일이 많은 만큼 브랜드 커뮤니티, 특히 목표
청중에게 자신을 알리기 위한 노력으로 인해 스트레스가 증가
하지는 않게 하는 것이 중요하다. 누구에게 브랜드를 알릴지
그 대상을 좁혀나가는 동시에 가능한 한 간결하고 매력적인
브랜드 스토리를 들려줄 필요가 있다. 자세한 내용은 다음 장
에서 살펴보자.

당신의
브랜드 스토리를 말하라

이번 장에서 우리는 다음의 내용을 살펴볼 것이다.

● 퍼스널 브랜드 헌장(PBS)과 브랜드 프로필에 대한 이해

● PBS 및 브랜드 프로필을 만드는 방법

● 개인적인 의사결정 및 전문가적인 의사결정에 도움이 되는 브랜드 헌장 및 프로필

4장부터 6장까지, 우리는 퍼스널 브랜드의 핵심 구성 요소, 즉 자신만의 독특한 가치를 전달할 수 있게 해주는 특성에 대해 살펴보았다. 7장에서는 이 모든 구성 요소들을 자신의 가치를 설명하는 한 문장으로 모아보려고 한다. 이것이 바로 퍼스널 브랜드 헌장(PBS, personal brand statement)이다. PBS에 자기 자신과 자신의 동기에 대한 모든 것들을 더하여 자신만의 특별한 가치 약속을 포괄적으로 표현한 것이 바로 브랜드 프로필이다. PBS와 브랜드 프로필은 진로를 결정해나가는 데 도움을 주며 이력서나 엘리베이터 연설(잠재적인 고객과 엘리베이터에 함께 타게 되었을 때 30~60초 동안 자신이나 자신이 팔려고 하는 제품, 서비스에 대한 설명을 하고 호감을 얻는 방법-옮긴이) 등 자신을 알릴 수 있는 모든 방법에 활용될 수 있다. PBS는 다양한 형태를 띤다. 몇 가지 예를 살펴보자.

마크 | 냉소적인 유머, 사람에 대한 이해, 창의력에 대한 열정을 바탕으로 수익 창출 및 소비재 제조업체의 브랜드 가치 형성에 도움이 되는 강력하고 혁신적인 광고를 만들기 위해 최정예 광고팀에게 권한을 준다.

윌리엄 | 기업 광고 분야에서 쌓아온 20년의 경력, 사람의 잠재력에 대한 열정, 혁신 추구 정신 등을 바탕으로 전세계의 임원, 전문가, 기업가 들에게 영감을 불어넣고, 동기를 부여하여 전문가로서 최고 수준의 성공을 이룰 수 있게 한다.

커스틴 | 넘치는 에너지, 미래 지향적인 사고방식, 인터넷 기술에 대한 열정을 바탕으로 큰 꿈을 꾸는 사람들이 훌륭한 경력을 만들어나갈 수 있도록 돕는다.

Tip PBS를 만들기 전에 우선 실천편에서 자신만의 특별한 가치 약속을 가장 잘 설명하고 있는 단어를 찾아보자.

○ PBS를 업무에 적용하라

PBS를 만들어두면 여러 가지 면에서 도움이 된다. PBS는 다음과 같은 기능을 한다.

- **인생의 목적을 상기시켜주는 존재.** PBS는 자신이 인생에서 무엇을 얻고 싶은지를 끊임없이 상기시켜준다.

- **중요한 결정의 나침반.** 경력을 쌓아가다 보면 승진이나 스카우트 제의를 받아들여야 할지, 어떤 일이 자신에게 가장 잘 맞을지 등 어려운 결정을 내려야 할 때가 많다. 이런 결정을 내려야 할 때 과연 올바른 결정을 내렸는지 알려주는 벨이 있으면 좋겠다고 생각하겠지만, 세상에 그런 벨은 존재하지 않는다. 하지만 당신에게 PBS가 있다면 올바른 선택을 하는 데 도움이 된다. 예컨대 다른 부서의 부장이 자기 부서로 옮겨올 것을 제안한다면, 과연 그 기회를 잡는 것이 옳은지 PBS에 적용시켜 생각해보면 된다.

- **우선순위 선정에 도움이 되는 필터.** PBS가 있으면 자신의 브랜드를 가장 중요하게 생각하게 되므로 어떤 것의 우선순위를 정할 때 필터 역할을 한다. 즉 PBS가 있으면 '가장 중요한 것에 우선순위를 두게 되고' 브랜드에 도움이 되지 않는 상충되는 요구나 약속을 단호하게 거절할 수 있다.

- **의사소통의 수단.** 당신에게 PBS가 있다면 자신이 추구하는 바를 남에게 간결하고 명확하게 전달할 수 있으며, 어떤 가치를 상대방에게 빨리 전달할 수 있다.

- **재능을 극대화하기 위한 기회.** 재능은 사용하면 할수록 점점 발달한다. 하지만 자질과 재능을 잘 활용하지 못하는 사람들이 많다. 퍼스널 브랜드가 있으면 자신이 가진 모

든 능력을 활용하게 되며 자기 자신과 다른 사람들을 위
해 자신의 능력을 최대한 활용하게 된다.

■ **기회를 끌어당기는 자석.** PBS를 활용하여 브랜드를 알리
면, 자신이 제공하고자 하는 것을 높이 평가하는 사람들
의 관심을 끌 수 있다. 그리하여 그들이 당신에게 새로운
기회를 선물하게 될 것이다.

다음 이야기를 통해 PBS의 장점이 무엇인지 살펴보자.

알랜 로렌스 수익 창출 담당자, 사내 직함은 설비 엔지니어

알랜 로렌스는 경력을 쌓아나가는 것이 일자리를 찾는 것과는 다르다는
사실을 잘 알고 있다. 그래서 그는 퍼스널 브랜딩에 대해 알게 되었을 때,
자신의 브랜드를 정의하는 데 도움을 받고자 커리어 컨설턴트인 뎁 딥에
게 전화를 걸었다. 알랜은 모든 단계에서 브랜딩을 중시하는 유명한 호텔
체인에서 근무를 하고 있었던 덕에 회사의 입장에서 보면 브랜딩이 얼마
나 막강한 힘을 갖고 있는지 잘 알고 있었다. 알랜은 그 개념을 받아들이
고서 자신의 일과 담당 부서를 회사의 브랜드 특성에 맞추기 위해 노력했
다. 알랜은 이 방법이 얼마나 효과적인지 몸소 경험했고 그 경험을 자신의
경력에 접목하기를 원했다.
뎁은 알랜이 퍼스널 브랜드를 정의하고 그 브랜드가 고용주에게 어떤 가
치를 주는지(알랜의 가치 제안) 이해할 수 있도록 도움을 주었다. 알랜의
PBS는 다음과 같았다. "알랜 로렌스는 설비 엔지니어이자 관리자로 일하
고 있지만 실제 정체는 회사의 수익 창출에 도움을 주는 사람이고, 브랜드
를 알리는 사람이며, 고객 만족 전문가다."

알랜은 브랜드와 고객 서비스가 한데 어우러져 수익과 이윤을 창출해낸다고 생각했다. 그는 브랜딩에 관한 자신의 열정과 그 열정이 조직에 미치는 영향을 정의한 다음, 자신을 둘러 모든 것이 브랜드에 관한 강력한 메시지를 보내고 있다는 확신을 갖게 되었다. 알랜은 다른 조직에도 자신을 알리기로 마음을 먹었다.

알랜은 직장에서 단순한 엔지니어 이상의 인재로 명성을 쌓아갔다. 알랜은 브랜드 방향을 전략적인 파트너로서 호텔의 성장 전략 및 핵심 경영팀과 어떻게 연계할지에 두었다. 이런 일은 보통의 설비 담당 엔지니어의 역할과는 거리가 멀다. 알랜은 자신과 같은 일을 하는 다른 설비 담당 엔지니어들과 스스로를 차별화시켰다. 알랜이 자신의 계획을 실천으로 옮기기만 한다면, 독특한 브랜드 덕에 뛰어난 경력을 쌓을 수 있게 될 것이다.

○ 자신만의 PBS를 개발하라

효과적인 PBS는 다음과 같은 세 가지 특성을 갖고 있다.

1. 딱 한 문장으로 표현할 수 있다.
2. 열두 살짜리도 쉽게 이해할 수 있다.
3. 총으로 위협을 받는 순간에도 자연스럽게 되뇔 수 있다.

좋은 것이 짧기까지 하면 두 배로 좋아진다.

—발타사르 그라시안, 『세상의 지혜』를 쓴 중세의 스페인 작가

PBS의 다른 예도 살펴보자.

샌디 | 독특한 개성과 모든 일을 즐겁게 해야 한다는 믿음을 바탕으로(일을 재미있게 할 수 없다면, 차라리 하지 않는다) 마케팅 팀 전체가 힘을 합쳐 뛰어난 가치를 만들어낼 수 있게 한다.

밥 | 커뮤니케이션에 관한 자신의 열정을 이용해 《포춘》에서 선정한 100대 기업에서 근무하고 있는 IT 전문가들이 비즈니스 전문가들과 업무상 원활한 소통을 할 수 있도록 돕고 있다.

모니카 | 동기, 확실성, 공감, 경쟁 등에 대한 관심을 바탕으로 건강 관련 조직에서 훌륭한 성과를 내는 영업사원들에게 영감을 불어넣고 동기를 부여한다.

TIP 각기 다른 PBS를 세 가지 만들어보자. 그리고 주위 사람들에게 세 가지 PBS를 들려주고, 그들의 평가에 귀 기울여보자.

자신의 PBS를 만들기 전에 먼저 실천편에 수록된 'PBS 작성' 과정을 진행해보자.

PBS 초안을 마련했다면 어떤 느낌이 드는지, 어떻게 들리는지 생각해보자. 꼭 이 방법을 따를 필요는 없다. 다른 형태를 통해서 자신의 브랜드를 좀더 잘 표현할 수 있다는 생각이 들면, 창의력을 발휘해보자. 단, PBS에는 반드시 자신만의 독특한 개성이 담겨 있어야 한다.

PBS는 나이키의 'Just Do It', 가르니에의 'Take Care', 해병대의 '소수 정예가 주는 자긍심' 등의 슬로건과는 다른 것이다. PBS는 어떻게 문제를 풀고, 욕구를 충족시키고, 차이를 만들어낼지에 관한 간결한 요약문과도 같다. 표 7-1은 자신의 PBS가 얼마나 효과적인지를 판단하는 훌륭한 잣대다.

○ 브랜드 프로필을 작성하라

PBS를 만들었다면 자신의 비전과 목적, 가치관, 열정, 특징, 강점, 목표 등을 모두 담고 있는 브랜드 프로필을 만들어보자.

> 어떤 사람이 어떤 일에 능숙하며 그 일을 잘 이해하고 있다면,
> 그 사람은 다른 것에 대해서도
> 통찰력이 있고 이해력이 뛰어난 사람이다.
>
> ─빈센트 반 고흐

실천편에 있는 브랜드 프로필 실천 과제를 참고해도 좋다.

이력서, 엘리베이터 연설, 약력, 인터넷상의 포트폴리오 카피 등 자신을 알리기 위한 도구를 개발할 때 브랜드 프로필을 유용하게 사용할 수 있다. 이 내용에 관해서는 8장에서 좀더 자세히 살펴보고자 한다.

이 점검표를 이용하여 커뮤니케이션 계획의 효율성을 살펴보자. 각 문장을 읽어보고 '예' 또는 '아니오'에 체크한 다음 하단에 있는 설명을 보고 점수를 해석하면 된다.

나의 PBS는	예	아니오
① 용기를 준다.		
② 호기심을 불러일으킨다.		
③ 명확하다.		
④ 매력이 있다.		
⑤ 목표 청중에게 내가 누구인지를 잘 보여준다.		
⑥ 내 비전 및 목적과 일치한다.		
⑦ 나의 열정과 가치관을 반영한다.		
⑧ 자랑스러운 기분을 느끼게 해준다.		
⑨ 친숙하고 편안한 느낌이 든다.		
⑩ 자신의 일생에서 가장 만족스럽고 열정적으로 살았던 순간을 떠올리게 한다.		
합계		

점수를 해석하는 방법: 7개 이상의 항목에 '예'라고 답했다면, PBS가 매우 효과적이라고 볼 수 있다. '아니오'라고 답한 항목이 있다면 어떻게 PBS를 수정하면 진실된 마음으로 '예'라고 답할 수 있을지 생각해보자.

| 표 7-1 | PBS 체크 리스트

○ 브랜드 프로필을 업무에 적용하라

브랜드 프로필을 완성했다면, 이제 본격적으로 업무에 적용해보자. 다음의 내용을 살펴보면 도움이 될 것이다.

■ **매일 자신의 브랜드 프로필을 되뇌어라.** 특히 어떤 직장과

직업을 선택할지, 현재 몸담고 있는 분야에서 어떻게 포지셔닝할지 등을 결정할 때 브랜드 프로필을 사용해보자. 회사의 브랜드를 한눈에 보여주는 문장(조직의 미션, 비전, 가치관 등)과 자신의 브랜드 프로필을 비교해보자. 자신의 비전, 목적, 가치관과 상응하는가?

■ **브랜드 프로필을 가정 환경에 대입해보자.** 당신의 브랜드가 집에서는 어떻게 작용하는가? 직장이나 브랜드 환경(12장에서 다룰 것이다) 밖에서의 활동과 브랜드가 조화를 이루게 하려면 어떻게 해야 하는가?

■ **브랜드를 실천하라.** 당신이 갖고 있는 브랜드가 당신이 이 세상에서 진정으로 하고 싶은 일을 나타내고 있다면, 꼭 금전적인 부분에만 집착하지 않아도 된다. 자신의 브랜드 정신에 맞게 살아가고 숨쉬면서 이 세상 또는 자신이 속한 커뮤니티에 가치를 더할 수 있는 방법은 무엇인가?

이 책의 뒷부분을 읽다 보면, 자신의 브랜드를 목표 청중에게 알리고('1-2-3 성공!' 과정 중 'Step 2 표현' 단계), 브랜드 환경을 관리하기 위해서(Step 3 발산) PBS와 브랜드 프로필을 자주 사용하게 된다. '1-2-3 성공!' 과정 중 첫 번째 단계인 추출 과정을 완성하였으니 Step 2로 넘어가보자. PBS, 브랜드 프로필, 자신의 독특한 가치 약속을 목표 청중에게 전달하기 위한 방법 등을 활용하기 위한 구체적인 전략을 살피게 될 것이다.

STEP 2

표현

자신의 브랜드를 목표 청중에게 알려라

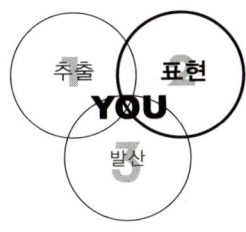

표현EXPRESS

커리어 마케팅 도구를 진보시켜라

자신을 표현하라

당신의 온라인 정체성을 평가하라

온라인에서 브랜드를 구축하라

Step 1 추출에서는 브랜드를 분명하게 표현하는 방법을 알아보고, 브랜드 커뮤니티에 속한 사람들이 누구인지 파악했다. 당신의 브랜드, 경쟁자, 목표 청중을 알았다면 목표 달성을 위해 당신이 누구인지를 알아야 할 사람들에게 당신을 알리기 위한 계획을 세워야 한다. 이것이 바로 '1-2-3 성공!' 과정의 표현 단계에서 해야 할 일이다. 8장에서부터 11장까지는 커리어 마케팅 방법을 개발하고, 물리적인 세계(온라인과 반대되는 개념)에서 자신을 표현하고, 가상세계에서 브랜드를 구축하는 법을 살펴볼 것이다.

표현 단계에서도 브랜딩의 3C는 매우 중요하다. 그 중 첫 번째는 명쾌함(Clarity)으로 누가 대상이고 누가 대상이 아닌지를 분명하게 파악해야 함을 뜻한다. 두 번째는 일관성(Consistency)으로 자신이 누구인지에 관해 일관성 있는 메시지를 전달해야 한다는 뜻이다. 세 번째는 지속성(Constancy)으로 목표 청중에게 계속해서 모습을 드러내야 한다는 뜻이다.

커리어 마케팅 도구를 진보시켜라

이번 장에서 우리는 다음의 내용을 살펴볼 것이다.
- 전통적인 커리어 마케팅 도구는 무엇이며, 그 도구들이 왜 중요한가
- 퍼스널 브랜드로 이력서, 자기소개서, 약력 등을 포장하는 방법
- 커리어 마케팅 자료를 통해 기대 이상의 결과를 만들어내는 방법

목표 청중에게 자신의 브랜드를 전달하고자 할 때는 이력서, 약력, 자기소개서 등의 전통적인 커리어 마케팅 도구를 사용할 수 있다. 모든 것이 빠르게 변화하는 오늘날에는 자신의 경력을 지속적으로 관리할 필요성이 있다. 즉, 각 자료들을 지속적으로 관리해두어 언제든지 사용할 수 있어야 한다. 그리고 그보다 더 중요한 건, 각 도구들을 자신만의 브랜드로 포장하여 목표 청중의 관심을 끄는 것이다. 그렇지 않으면, 다른 사람들이 보내온 이력서, 약력, 자기소개서 더미 속에 묻혀버릴 가능성이 크다. 차별화에 실패하면 이력서가 다른 서류들과 뒤섞여버리거나, 경쟁자들이 보내온 수백 개의 이력서가 저장된 데이터베이스 속에 자리를 잡게 되거나, 인터넷상에 떠돌아다니는 수십억 장의 약력 가운데 하나가 될 뿐이다. 이 도구들로 자신을 차별화한다면 경쟁자에 비해 한층 강력한 경쟁 우위를 가질 수 있다.

다행스럽게도, 커리어 마케팅 도구를 남다르게 관리하는 것은 그리 어려운 일이 아니다. 그 이유는 바로 대부분의 사람들이 커리어 마케팅 도구를 제대로 활용하지 못하기 때문이다. 먼저 이력서에 대해 생각해보자. 엄청나게 많은 이력서에 대해 사람들은 어떤 반응을 보이는가? 대부분은 지루해 하며 하품을 한다. 커스틴은 이력서 작성 전문가 및 취직 설명회의 이력서 검토 자원봉사자로 활동하면서 수천 장의 이력서를 볼 기회가 있었다. 구직자들이 내어놓는 약력이라는 건 자격증 목록을 줄지어놓는 수준을 벗어나지 못했다. 이런 이력서들은 지루할 뿐 아니라 알맹이가 없다. 이런 이력서나 약력을 제출하는 사람들은 무언가 하나라도 채용 담당자들의 마음에 들기를 고대하면서 생각하는 모든 정보를 적어 내려간다. 하지만 그 서류를 읽는 사람들은 입사 지원자들이 무엇을 원하는지, 과연 가장 알맞은 사람인지를 판단할 의향도, 시간도 없다. 알맹이가 없고 명료하지 않다는 생각이 드는 순간, 그들은 읽고 있던 이력서나 약력을 휙 던져버리고 다음 서류를 집어든다.

약력, 이력서, 자기소개서 등에 자신만의 독특한 가치 약속을 적어 넣기 전에, 자신과 경쟁자들을 차별화시켜주는 요인이 무엇인지를 판단하기 위해 자기 성찰의 시간을 가질 필요가 있다. 4장에서 7장('1-2-3 성공!' 과정의 추출 단계)까지의 내용을 읽고 실천했다면 적어도 어느 정도의 자아 성찰은 했을 테고 PBS와 브랜드 프로필이 만들어 졌을 것이다. 자신의 브랜드를 커리어 마케팅 자료들에 지속적으로, 간결하게 적용하기 위해 앞에서 배운 내용을 활용해보는 것도 좋다. 이제 커리어 마케팅에 사용할 각 도구에 대해 자세히 살펴보고 각 도구를 퍼스널 브랜드로 포장하는 방법을 살펴보자.

○ 당신에 관한 모든 것, 약력을 브랜드로 포장하라

커리어 마케팅 도구를 만들고 싶다면 우선 약력부터 작성해보자. 약력은 다른 방법에도 참고가 되며 자신만의 색깔과 특징을 불어넣을 수 있다. 약력을 쓸 때에는 좀더 자유롭게 자신의 개성을 드러낼 수 있다.

약력은 커리어 마케팅 및 네트워크 구축을 위한 훌륭한 도구다. 새로운 일자리를 찾고자 하는 현명한 사람들은 채용 담당자들이 볼 수 있도록 구직 사이트에 자신의 약력을 올려둔다. 약력을 잘 써서 올려두면 그 약력을 읽는 사람들이 작성자의 경험, 능력, 성공의 경험 등을 재빨리 파악할 수 있다. 그렇다면 자신의 약력을 효과적으로 요약하기 위해 가장 중요한 것은 무엇일까? 모든 자격 요건, 그 동안 맡았던 모든 일, 학위 등을 한 문단 안에 **빽빽하게** 담아두는 것은 피해야 한다. 형식이 너무 딱딱하면 읽는 사람이 쉽게 지겨워할 수 있다.

컨퍼런스를 진행하던 중 갑작스레 한 연사를 소개해야 하는 상황에 맞닥뜨린 커스틴은 연사가 직접 작성한 무미건조하기 짝이 없는 소개서를 읽게 되었다. 그 내용은 연사의 독특한 관점을 전달하는 데 전혀 도움이 되지 않았고, 결국 연사는 같은 모임에서 연설을 했던 수많은 다른 연사들과 자신을 차별화하지 못했다.

지루하고 따분한 약력의 예를 들면 다음과 같다.

하버드 대학교에서 경영학과 심리학을 전공한 엘렌 스미스는 소비재 분야에서 처음으로 사회 생활을 시작했습니다. 승진을 거듭하여 브랜드 매니저가 된 엘렌은 소비재 분야를 떠나 B2B 브랜딩 업무를 시작했습니다. 이제 대형 IT 업체의 브랜딩 담당 부사장을 맡게 된 엘렌은 그 동안 소비재 분야에서 쌓아온 경험을 바탕으로 현재의 고용주가 원하는 브랜드 가치를 발굴해내고 있습니다. 전미마케팅협회(American Marketing Association) 및 IT마케팅재단(IT Marketing Foundation)의 일원인 엘렌은 지방 대학에서 마케팅과 브랜딩에 관한 강의를 하고 있습니다.

이 약력을 읽고서 엘렌에 대해 좀더 자세히 알아보고 싶은 마음이 생기는가? 아마도 그렇지 않을 것이다. 이런 형태의 글은 엘렌의 독특한 면모를 보여주지도 못하고 엘렌이 가진 흥미롭거나 재미있는 특징을 전혀 드러내지 못한다. 반대로 알랜 로렌스의 약력 중 일부를 발췌한 다음 내용은 어떤가.

뉴욕 화이트 플레인즈에 있는 메리어트 계열 르네상스 웨스트체스터 호텔에서 기술 담당 이사로 재직하고 있는 알랜 로렌스는 여느 엔지니어와는 다릅니다. 알랜은 단지 엔지니어라기보다 이익 창출가, 브랜드 전도사, 고객 만족 전문가라 해야 옳을 겁니다. 다만 알랜이 맡은 일이 설비 담당 엔지니어이자 매니저인 것뿐입니다. 알랜은 브랜드와 고객 서비스가 얽혀서 수익과 이윤을 창출한다고 믿고 있습니다.

탁월한 서비스를 중시하는 알랜은 이렇게 이야기합니다. "고객의 경험 하나하나가 이 브랜드의 핵심 가치를 잘 나타내야 합니다. 이 브랜드의 미션은 분명해야 합니다. 고객이 설비 담당 직원이나 설비 관련 부서와 접촉을 하는 중에도 이런 가치를 보고 느낄 수 있다면, 궁극적인 결과는 만족한 고객의 지출로 인한 수익 증가입니다."

15년째 고객 만족을 가장 중시하고 있는 알랜 로렌스는 지속적으로 발생하는 지원 비용이 사주와 이해 관계지의 이윤을 갉아먹는 걸 막아주는 운영 시스템 및 프로세스를 개발하여 회사의 브랜드 전략에 힘을 실어줍니다. 알랜은 비즈니스 연속성, 위기 관리, 에너지 절약, 지속적인 변화 관리 등의 분야에서 핵심적인 비즈니스 전략을 실행하여 조직 인프라를 강화시킵니다.

알랜 로렌스의 약력을 처음 읽는 많은 사람들이 일반적인 엔지니어와 다르다는 주장 및 실감나는 표현, 강력한 산문체의 구성에 호기심을 갖게 된다("사주와 이해 관계자의 이윤을 갉아먹는" "조직 인프라를 강화"). 이야기를 들려주듯이 서술하면 기억에 남을 만한 약력을 만드는 데 도움이 된다. 커스틴의 고객이 작성한 약력에서 발췌한 다음 내용을 살펴보자.

로버트 프랜시스코는 복잡한 개념을 정돈된 해결책으로 걸러주는 창의적인 방법으로 개인 사업가들이 목표를 달성하는 데 도움을 주고 있습니다. 직접 원두를 로스팅하는 걸 좋아하는 열렬한 커피 애호가인 롭은 가족들이 아침마다 매번 다른 맛의 커피를 만들어내는 것이 불만이었습니다. 롭은 항상 일관성 있으면서 맛도 좋은 커피를 만들려면 원두를 어떤 방법으로 갈아야 하는지를 가족들에게 알려주려고 했습니다. 그러던 어느 날 아침, 롭의 가족들은 아침에 일어나 커피메이커 옆에 "원두를 존중하시오"라고 적힌 쪽지가 놓여 있는 걸 발견했습니다.

그 다음 날부터, 그 글귀는 롭을 인도하는 하나의 지침이 되어버렸습니다. 롭은 지금 '원두를 존중하시오' 라는 이름으로 블로그를 운영하고 있습니다. 항상 비즈니스 아이디어로 넘쳐나는 롭은 어떤 일이든 정통적인 방법으로 정확하게 해내기 위해 노력합니다.

> 남과 달라질 권리를 잃으면
> 자유로워질 특권도 잃어버리게 된다.
> —찰스 에반스 휴스, 전(前) 미국 대법원장

첫 번째 단계인 추출 단계에서는 비전, 목적, 목표, 가치관, 열정에 관한 통찰력을 한 문장으로 표현해보았다. 약력의 첫 머리에는 브랜드 헌장을 적어넣어야 한다. 그런 다음 누구에게, 무엇을, 어디서, 언제, 왜 등과 같이 브랜드 스토리의 매력을 높여주는 구체적인 사항들을 열거하면 된다. 약력을 쓸 때에는 자신의 특성을 잘 반영하는 스타일로 쓰고, 약력을 읽을 독자들과 감정적인 유대관계를 만들기 위해 노력해야 한다. 약력은 함께 일하고 싶은 사람들의 관심을 끌기 위해 작성하는 것인 만큼 보수적이고 조심스러운 태도는 가질 필요가 없다. CEO 담당 컨설턴트인 뎁 딥은 이렇게 이야기한다. "브랜드가 잘 드러나는 약력이란 자신의 본능을 보여주는 것입니다. 진정한 자기 자신이 되고 싶은 본능, 틀을 깨고 싶은 본능, 약력이 사람들을 놀라게 할 수도 있다는 사실을 알고 있는 본능 말입니다. '여기에 이런 사람이 있습니다. 이게 바로 제가, 바로 제가 만든 겁니다. 저는 모든 사람들을 위해 모든 것을 하지는 못합니다. 하지만 이 일을 하기에는 제격이지요'라고 말하는 용기가 필요한 겁니다."

약력을 작성할 때에는 자신을 잘 알고 있는 주위 사람들로부터 정보를 얻어야 한다. "이 글을 읽으니까 내가 떠올라?"라고 물어보는 건 어떨까? 약력 작성 전문가의 도움을 받거나 직접 작성한 약력을 고용 담당자에게 보여주는 것도 좋다. 일단 약력이 마음에 든다면 다양한 길이로 여러 개를 작성하여 웹 포토폴리오, 블로그, 온라인 교류 사이트의 프로필난에 올려두는 것도 좋다. 자신이 직접 작성한 칼럼 끝에도 약력을 붙여두면 도움이 된다(11장에서 이 내용에 대해 좀더 자세히 살펴보기로 하자).

> **TiP** 약력을 쓰는 데 도움이 될 만한 정보를 얻고 싶다면, 구직 사이트 등에 올려와 있는 매력적인 약력들을 읽어보고 자신이 왜 매력을 느끼는 걸까 생각해보자.

⊙ 효과적인 이력서 작성법

인사 담당자와 채용 담당자 중 수많은 사람들이 아직도 지원자를 걸러내기 위한 가장 중요한 도구로 이력서를 사용하고 있다. 이러한 이유가 아니더라도 구직 중이든, 만족스럽게 회사를 잘 다니고 있든 이력서는 항상 업데이트를 해둘 필요가 있다. 요즘 구직자들이 내놓는 이력서들을 보면 대부분 그 동안의 직장 경력을 중심으로 쓰고, 업적보다는 그 동안 맡았던 일을 강조하는 경향이 있다. 그래서 수많은 지원자들이 내놓는 이력서를 차별화하기가 힘들다. 물론, 특정한 분야에 집중된 이력서를 보내면 미처 생각지도 못한 기회를 놓치게 될 수도 있다는 생각에 일부러 평범한 이력서를 내놓는 사람들도 있다. 하지만 '모든 사람에게 모든 것을' 알리겠다는 식의 사고방식은 퍼스널 브랜딩의 정신과는 맞지 않다.

성공적인 이력서의 열쇠는 특정한 기회에 맞게 자신을 드러내고 자신에게 기회를 줄 수 있는 사람, 즉 목표 청중에게 도움이 될 만한 정보를 제공하는 것이다. 다시 말해서 이력서란 자신을 알리는 광고 수단이라고 생각하면 된다. 모든 사람들은 자신이 제출하는 이력서가 읽는 사람들을 첫 눈에 사로잡아 이들이 이력서에 들어 있는 내용에 좀더 관심을 갖기를 바랄 것이다. 이력서의 내용을 잘 구성하면 자신이 원하는 부분에 이력서를 읽는 사람들이 가장 먼저 눈길을 쏟게끔 할 수 있다. 예컨대 굵은 글씨체를 사용하면 업적, 학위, 그 동안 상대한 고객이나 업체 이름 등을 강조할 수 있다. 이력서는 고객의 의사결정 과정에서 중요한 역할을 한다. 즉 고객(이력서를 읽는 사람)은 이력서를 보고서 그 사람을 채용할지를 결정한다. 이력서와 자기소개서는 그 글을 읽는 사람들이 나를 좀더 잘 파악할 수 있게끔 도움을 주고 과연 내가 만나볼 만한 가치(면접의 기회)가 있는 사람인지를 판단하는 기준이 된다.

자신이 썼던 이력서를 자세히 검토해보자. 우선 다음과 같은 질문들을 던져보자.

- 최근의 근황이 반영되어 있는가?
- 매력적인가?
- 자신만의 독특한 목소리로 적혀 있는가?
- 브랜드 메시지를 충분히 전달하고 있는가?
- 당신과 같은 분야에서 일하는 다른 사람들이 모방하지 못할 것 같은가?

이 모든 질문에 '예'라고 대답할 수 있다면 당신의 이력서는 아주 훌륭하다고 할 수 있다.

약력과 마찬가지로, 이력서도 목표 청중들과의 만남으로 이어지는 고리가 되기를 바랄 것이다. 채용 담당자들은 대부분 이력서 하나를 읽는 데 10초에서 30초 정도의 시간을 할애할 뿐이다. 그렇기 때문에 짧은 시간 내에 자신의 브랜드를 잘 알릴 수 있고, 이력서를 읽는 사람들의 면접 대상자 목록에 자신의 이름을 올릴 수 있을 만큼 매력적인 이력서를 작성하는 것이 중요하다. 뿐만 아니라 이력서를 작성할 때는 관련 키워드를 사용하여 그 글을 읽는 채용 담당자들이 데이터베이스 검색을 통해 쉽게 찾아낼 수 있게끔 하는 것이 좋다.

올바른 키워드가 무엇인지 궁금하다면 관심 있는 분야의 직무 설명 내용이나 인터넷에 올라와 있는 구인광고 내용을 살펴보자. 직무에 관한 각종 설명이나 구인광고에 공통적으로 포함되어 있는 내용들은 중요한 키워드다. 이력서에 적혀 있는 직위가 자신이 희망하는 직위와 다르다면, 자격 요건을 일목요연하게 정리한 다음 원하는 직위가 무엇인지도 덧붙여보자. 또한 이력서 끝부분에 키워드를 따로 정리해 온라인상에 이력서를 올려두면 다른 인터넷 사용자들이 온라인 검색을 통해 이력서를 찾을 수 있다.

브랜드를 신속하게 알리기 위해 가장 좋은 방법은 이력서의 첫머리에 자신의 자격 요건을 간략하게 요약해두는 것이다. 자격 요건을 간략하게 정리하려면, 브랜드 프로필과 약력을 검토하여 강점이 무엇인지를 찾아야 한다. 간략한 내용 속에 자신이 하는 일이 무엇인지, 누구를 위해 그 일을 하고 있는지, 강점은 무엇인지를 모두 담아내야 한다. 또한 자신의 중요한 브랜드 특성이 묻어나게 함으로써 업무 스타일을 알리는 것이 좋다. '경력' 항목에는, 자신의 브랜드에 도움이 되고 지원 목적과 관련이 있는 내용만 기재해야 한다. 간략하게 자격 요건을 정리한 프로필을 이력서 첫머리에 두는 것이 좋다고 설명했지만, 이력서 끝부분에 적고 싶어하는 경우도 있을 수 있다. 만일 그렇다면 문서의 가장 쉬운 부분에서부터 시작하여 모든 내용을 하나로 묶고 자기 자신을 목표 청중에게 드러내 보일 수 있게끔 이력서를 구성하면 된다.

자신의 자격 요건을 간략하게 요약한 프로필에 들어가야 할 내용은 다음과 같다.

■ '건설업계의 최고재무관리자'와 같은 표제. 프로필 첫머리에 들어가는 표제는, 지금껏 해왔던 일이 아니라 앞으로 하고 싶은 일을 나타내는 것이긴 하지만 특정한 직위나 역할을 원한다는 것을 한눈에 보여줄 수 있어야 한다.

■ 브랜드 헌장. '마케팅에 관한 열정. 결과 중시' 또는 '협동을 통한 혁신' 등이 훌륭한 예가 될 수 있다.

■ 관련 경험. 지금까지 해왔던 일들을 요약하고 그 일이 앞으로 하고자 하는 일에 어떤 도움이 되는지 요약하면 된다.

■ 핵심 역량.

■ 자신의 경험이 추가적인 가치 창출에 도움이 되는 까닭. 업종을 옮기려는 사람일 경우에 특히 중요하다.

구직 활동을 하는 기업의 임원들을 위한 책을 스무 권 이상 집필한 웬디 에넬로우는 이렇게 말한다.

이력서를 작성할 때 가장 중요한 것은 과거가 아니라 현재 상대방에게 보여주고 싶은 자신의 모습을 명확하게 그려내는 것이다. 구직 목적을 이력서의 전반적인 골격으로 활용한다면, 그 목적에 맞게 지금까지의 경력을 설명하려면 어떻게 해야 할까?

전통적인 이력서 작성 양식에 맞춰 시간 순으로 경력을 나열하는 것이 정답이 아닐 수도 있다. 어쩌면 좀더 독특한 전략이 필요한 건지도 모른다. 만일 영업 담당 전무이사로 재직하던 중 다른 회사로 옮겨 같은 일을 하려고 한다면, 직접적으로 자신이 원하는 바를 기록하면 된다. 하지만 다른 회사로 자리를 옮겨 좀더 포괄적인 관리자의 역할을 하고 싶은 거라면, 이력서가 달라져야 한다. 물론, 수익 창출에 얼마나 도움이 되었는지 기록해야 한다는 사실에는 변함이 없겠지만 자신이 이룰 수 있는 경영 부문에서의 성과, 역할, 책임 등에 대해서 자세히 강조해야 한다.

당신만의 독특한 이력서의 프로필을 만들고 싶다면, 실천편에 있는 과제를 참조해보자.

이력서의 나머지 부분을 작성할 때는 오자나 문법적 실수를 피해야 한다는 점 외에는 특별한 원칙이 없다. 예컨대 이력서가 한두 페이지를 넘어가서는 안 된다는 것이 통념이지만, 관련성이 있고 상대의 흥미를 유발 수 있는 경우라면 분량이 많아도 상관없다. 브랜드가 명확하게 드러나는 이력서를 만드는 데 도움이 될 만한 내용을 추가로 몇 가지 일러주고자 한다.

■ 학력, 사회봉사, 직위, 회사 이름, 근무 경력 등 경력에 관한 자세한 사항들에서부터 시작하면 된다. 각 일을 하는

동안 맡았던 업무에 관해 짤막한 설명을 곁들이는 것도 좋다.

■ 각 업무 성과를 강조하고, 당면한 문제를 해결한 방법 및 그 결과가 조직에 어떤 도움이 되었는지 기록하자.

■ 가능한 한 모든 것을 수치화하자(예컨대 "500달러의 온라인 광고 예산으로 1,000만 달러의 수익을 창출했다", "유럽과 미대륙 전역 5개 도시에서 근무하고 있는 18명의 금융 담당 매니저로 구성된 팀을 지휘했다" 등이 훌륭한 예다).

■ 회사에 어떤 기여를 했는지 정확하게 보여줄 수 있는 강력한 어휘를 사용하자. 창시했다, 앞장섰다, 해결했다, 창조했다, 리드했다와 같은 어휘는 관리했다, 기여했다, 함께 일했다, 처리했다와 같은 어휘보다 훨씬 강렬한 느낌을 준다.

■ 같은 분야에서 계속 일을 할 계획이고 경력상 공백이 없다면 일의 발생 순서대로 이력서를 작성하는 것이 좋다. 반면 새로운 분야의 일자리를 찾고 있다면 새 분야에서도 능력을 발휘할 수 있다는 것을 보여줄 수 있도록 시간의 흐름이 아닌 역할을 기준으로 정보를 구성하는 것이 좋다. 좀더 쉽게 설명하자면, 첫 번째 페이지에는 고용 담당자가 볼 수 있게 해당 업무와 관련된 강점이나 성과를 적어두고, 두 번째 페이지에는 전통적인 형식의 이력서를 원하는 인사 담당자들을 위해 시간의 흐름에 맞추어 내용

을 작성하는 것이 좋다.

■ 원하는 목표와 맞지 않거나 더 이상 하고 싶지 않은 일이라면 아예 적지 않는 것이 낫다.

■ 지원하고자 하는 일과 관련이 있거나, 자신의 능력이니 강점을 돋보이게 할 수 있거나, 고용 담당자들의 관심을 끌 수 있을 만한 취미, 관심사, 봉사활동 내역 등만을 기록하자.

■ 전문용어나 약어는 사용하지 않도록 주의해야 한다. 같은 회사에서 근무한 경험이 없는 사람도 쉽게 이해할 수 있게 적어야 한다.

■ 거주하고 있는 곳의 주소, 전화번호, 이메일 주소 등을 기재하여 사람들이 쉽게 찾을 수 있게 하자.

■ 자신의 홈페이지, 블로그, 온라인 프로필 등의 주소를 남겨놓음으로써 채용 담당자가 당신의 과거 실적이나 경험 등을 쉽게 찾아볼 수 있도록 한다. 온라인 정체성을 강화하는 방법을 자세히 알아보고 싶다면 11장을 참고하기 바란다.

■ 자격 요건을 요약한 프로필을 작성한 다음, 경력 항목에 들어 있는 내용과 프로필의 내용이 서로 다르지는 않은지를 확인해야 한다.

■ 이력서 작성 전문가의 도움을 받아서 이력서를 작성하거나 이력서를 검토해줄 것을 요청하는 것도 좋다. 이력서

작성이 끝나면 여러 사람들에게 보여주고 조언을 구하자
(지원하는 분야의 전문가에게 보여주는 것이 가장 좋은 방법이다).

■ 이력서의 디자인이 브랜드 정체성과 일치해야 한다. 브랜
드 정체성에 관해서는 13장에서 좀더 자세히 살펴보자.

사람들은 내가 문체를 가르칠 수 있을 거라고 생각한다.

문체가 무엇인가.

하고 싶은 말이 있고, 그 말을 최대한 명료하게 표현하는 것.

그것이 바로 문체에 관한 비밀의 모든 것이다.

—매튜 아놀드, 빅토리아 시대의 유명한 시인

이런 원칙들을 모두 적용하려면 많은 시간이 걸린다. 하지
만 그만큼 공을 들일 가치는 충분하다. 커리어 매니지먼트 코
칭 닷컴(careermanagementcoaching.com)의 킴 뱃슨이 들려주는
이야기를 살펴보자. 이 경우를 보면 강력한 퍼스널 브랜드가
있으면 구직 속도가 얼마나 빨라지는지, 원하는 고용주의 관
심을 끄는 데 얼마나 효과적인지, 면접 후 일하자는 제의를 받
을 가능성이 얼마나 높은지, 잠재적인 고용주가 생각하는 가
치가 얼마나 높아지는지(또는 급여가 얼마나 높아지는지) 알 수
있다.

다니엘 심슨

다니엘은 새롭게 개발한 퍼스널 브랜드, 가치 제안, 브랜드의 특성을 담아낸 이력서, 자기소개서 등을 바탕으로 구직 활동을 시작했다. 구직 활동을 시작하자마자 곳곳에서 면접을 하자는 전화가 걸려왔다. 면접을 보기 시작한 지 2~3주 만에 다니엘은 놀랍게도 여덟 곳으로부터 함께 일하자는 제의를 받았다.

그뿐이 아니었다. 다니엘은 매출 규모 10억 달러인 업계 선두업체에서 이사직 제의를 받았을 뿐 아니라, 현재 일하고 있는 회사에서 받고 있는 것보다 1만 5,000달러에서 2만 6,000달러나 높은 기본급을 주겠다고 제안한 회사도 있었다. 그 중 다니엘은 10억 달러 규모의 업계 선두업체의 제의를 받아들였고, 고용주가 다니엘을 놓치지 않기 위해 서두르는 바람에 이력서를 제출한 지 겨우 나흘 만에 입사 통보를 받았다.

다니엘은 이렇게 말한다. "단순히 이력서 때문이 아닙니다. 퍼스널 브랜드와 나만이 제공할 수 있는 특별한 가치가 있었기 때문에 꾸준히 승진하고, 스스로를 차별화시키고, 성공할 수 있었던 겁니다."

다니엘의 브랜드를 간략하게 요약하면 다음과 같다. "저는 전략적이고, 결과 중심적이며, 열정적인 IT 비즈니스 개발 담당자이며, 아주 복잡한 기술 솔루션 및 신기술과 관련된 업체들이 수익 및 이윤을 창출할 수 있게끔 돕는 것이 저의 전문 분야입니다. 저는 끊임없이 고객의 기대를 능가하여 고객 만족을 이끌어내는 것을 좋아합니다."

다니엘이 제안하는 핵심 가치는 다음과 같다. "10년 동안 아주 복잡한 기술 솔루션을 성공적으로 정부에 판매해왔으며, 판매팀과 배송팀이 좀더 뛰어난 성과를 내고 고객이 지속직으로 만족을 느끼게 한다."

담당자의 눈에 띄고 싶다면, 적절하면서도 창의적인 방법을 활용해 이력서를 작성해야 한다. 특히 원하는 직종이 창의적인 생각을 요구하는 분야라면 이력서 또한 참신해야 한다. 예컨대 이벤트 기획자가 되려고 한다면 매끈하게 잘 꾸민 초대장에 포트폴리오를 모아놓은 인터넷 사이트의 주소를 적어둘 수도 있다. 물론 담당자가 전통적인 방식의 이력서를 원할 수도 있으니, 인터넷 사이트에 다양한 형태의 이력서를 올려두어 다운로드할 수 있게 해두는 것도 좋은 방법이다. 이력서에 말풍선을 그려넣어도 좋다. 마음껏 상상력을 펼쳐보기 바란다.

> **Tip** 최근의 상황이 모두 기록되어 있는 이력서를 준비해놓고 싶다면, 이력서를 컴퓨터에 저장해두는 것이 좋다. 중요한 프로젝트를 끝낼 때마다, 경력상 중요한 일이 일어날 때마다(승진, 평의회 가입 등) 해당 내용을 이력서에 반영해두자.

◎ 자기소개서를 통해 브랜드를 전달하라

이력서와 함께 제출하는 자기소개서는 자신을 차별화시킬 수 있는 또 다른 기회다. 자기소개서에서 지원 동기나 상대방에게 기여할 수 있는 점을 상세히 밝혀 채용 담당자와의 유대 관계를 형성할 수 있다. 이력서가 객관적인 능력을 주로 서술한 것이라면, 자기소개서에는 그 외의 능력이나 개성이 드러나야 한다. 이력서나 약력을 쓸 때와 마찬가지로 자기소개서를 쓸 때에도 브랜드 프로필을 참조해야 한다.

자기소개서는 특정한 대상(회사의 인사 담당 이사나 채용 담당자, 인재 채용 업체 등)에 맞게 종류별로 작성해야 한다. 여러 종류의 자기소개서는 상황에 맞게 시작 부분과 끝 부분만 수정하면 손쉽게 만들어낼 수 있다.

자기소개서, 이력서, 약력 외에도 다음에 소개되는 도구들을 활용하면 자신의 브랜드를 전달하는 데 도움이 된다.

- 이력 프로필(이력서를 한 페이지로 요약한 것, 주로 개인 정보망을 형성할 때 사용한다.)
- 리더십에 관한 추가 내용(경력상 중요한 의미를 지니며 지원 내용과 유사한 프로젝트에 관해 자세히 설명할 수 있다. 자신에게 주어졌던 도전 과제와 자신이 취했던 행동, 그 결과 등을 자세히 적도록 한다). 리더십에 관한 추가 내용을 기술할 때는 가장 보람찼으며 지원 내용과 관련성이 큰 프로젝트를 선택하여 어떤 어려움(프로젝트를 진행하는 과정에서 어쩔 수 없이 드러나는 문제)에 직면했는지, 어떤 조치를 취했으며, 그 결과는 어떠했는지를 설명하면 된다.
- 이메일 서명(문구와 디자인, 서체가 자신의 퍼스널 브랜드와 어울려야 한다.)
- 음성 메일 메시지(전문가의 느낌을 줄 수 있으며 퍼스널 브랜

드를 반영하는 음성 메일 메시지를 남겨야 한다.)
- 웹 포트폴리오나 블로그(이 부분에 관해서는 11장에서 자세히 다룰 예정이다.)

 ## 면접을 볼 때 유의할 점

효과적인 자기 표현을 통해 면접의 기회를 얻었다면, 직접 얼굴을 마주하는 동안 자신만의 독특한 가치 약속을 전달할 수 있도록 준비하자. 이력서, 자기소개서, 약력 등에서 일관성 있게 전달한 메시지가 무엇인지 떠올려보자. 면접이 진행되는 동안 그 메시지의 핵심 포인트를 정확하게 제시해야 한다. 면접을 하러 가기 전에 인터넷 검색을 통해 회사는 어떤 곳인지, 면접관은 어떤 사람인지 살펴보고 경력과 브랜드 프로필도 검색해보아야 한다. 면접관이 어떤 질문을 하더라도 자신의 퍼스널 브랜드를 잘 표현할 수 있게끔 다른 사람들과 미리 연습해보는 것도 좋은 방법이다.

이처럼 일관성 있고 차별화되는 방식으로 자신을 드러내기 위해 많은 투자와 노력을 기울인다면 그 노력이 빛을 발해 고용 담당자들에게 좋은 인상을 심어줄 수 있을 것이다.

이러한 투자와 노력은 일자리가 자신에게 잘 맞는지 판단하는 데도 도움이 된다.

당신은 이미 8장에서 살펴본 기본적인 커리어 마케팅 도구들에 익숙해졌을 것이다. 하지만 브랜드의 개념이 포함된 직업의 세계에서 그 도구들을 개발하고 사용하는 방식은 사뭇 다르다. 지금까지 설명한 기법들만으로도 경쟁자들에 비해 앞서나가고 채용 담당자의 관심을 사로잡을 수는 있지만 이것으로 충분하다고 볼 수는 없다. 세상이 그만큼 급변하고 있기 때문이다. 9장부터 11장까지 세 장에 걸쳐서 살펴보겠지만, 현명한 구직자라면 전통적인 마케팅 도구들과 함께 자신을 돋보이게 하고 신뢰성을 높여주는 새로운 방법들을 적절하게 사용할 수 있어야 한다. 9장에서는 물리적인 방법들을 살펴보고, 10장과 11장에서는 인터넷상에서 자신을 알리는 데 도움이 되는 방법들을 살펴볼 것이다.

9

자신을 표현하라

이번 장에서 우리는 다음의 내용을 살펴볼 것이다.

● 브랜딩의 3C에 관한 자세한 내용
● 자기 자신과 목표 청중에게 적합한 도구를 찾는 방법
● 자신을 알리기 위한 계획을 세우는 방법

퍼스널 브랜드에는 모두 저마다 독특한 특성이 있지만, 자신감 있게 존재를 드러낸다는 공통점도 있다. 실제로 수많은 CEO들은 자신을 효과적으로 표현할 수 있는 말솜씨나 글솜씨 덕에 지금의 자리에 오를 수 있었다고 말한다. 열정과 자신감으로 자신의 역량을 전달하지 못한다면 퍼스널 브랜드를 구축할 수 없다.

이렇듯 중요한 내용인 만큼 이 책의 뒷부분에 실려 있는 실천편에서 이와 관련된 사항을 살펴보고 자신의 의사소통 역량을 객관적으로 평가해보자. 글쓰기나 대중 연설 능력 등을 개선시킬 경우, 좀더 많은 것을 얻을 수 있을 거라고 판단된다면 해당 분야의 역량을 강화해보자.

⭕ 브랜드 커뮤니케이션의 3C를 이해하라

　세상에 알려져 있는 강력한 브랜드는 모두 세 가지의 핵심 요소, 즉 명쾌함(Clarity), 일관성(Consistency), 지속성(Constancy)을 갖고 있다. 각각의 특성과 사례들을 살펴보자. 브랜드 커뮤니케이션의 3C를 이해하면 자신의 브랜드 커뮤니케이션 계획이 효과적인지 그렇지 않은지를 판단할 수 있다.

명쾌함

　강력한 브랜드를 원한다면, 자신이 어떤 사람인지 또는 자신이 어떤 사람이 될 수 없는지 확실하게 알고 있어야 한다. 아울러 자신의 독특한 가치 약속은 무엇인지, 자신이 제안하는 약속이 목표 달성에 도움이 되는 사람들을 끌어들이는 데 어떤 도움이 되는지 파악해야 한다. 리처드 브랜슨의 예를 들어보자. 그는 어떤 위험한 일도 기꺼이 받아들이는 사람이다. 리처드는 남색 정장에 하얀색 셔츠를 입고, 붉은색 넥타이를 매고 다니는 전형적인 CEO가 아니다. 저돌적이며 자주 기상천외한 일을 벌이곤 하는 그는 초기에 아무도 거들떠보지 않던 영국의 펑크 록 그룹 섹스피스톨즈(Sex Pistols)와 음반을 계약하는 위험천만한 일을 하기도 했다. 최근 그는 우주 여행 서비스를 제공하려는 계획을 세우고 있다. 업무 외적인 면에서도 리처드 브랜슨은 기꺼이 위험을 감수하려고 한다. 열기구를 타고서 세계를 일주했던 전례가 모험을 추구하는 리처드의 성향을 잘 보여준다.

일관성

자신이 누구인지 명료하게 전달하는 것 못지않게 중요한 것이 일관성을 유지하는 일이다. 즉 어떤 커뮤니케이션 방법을 택하든 일관된 브랜드를 전달하는 것을 뜻한다. 일관성 있는 브랜드를 제시하고 있는 대표적인 경우가 마돈나다. 마돈나는 카멜레온 같은 존재다. 그녀는 새 앨범을 낼 때마다 새로운 모습으로 등장한다. 물론 마돈나의 다양한 모습에 일관성이 결여되어 있다고 생각하는 사람들도 많다. 하지만 그녀는 변신을 할 때마다 놀라운 일관성을 보여주며 매번 새로운 유행을 선도한다. 성(性)에 관한 책을 출간하고서 곧이어 동화책을 내놓을 수 있는 사람도 마돈나밖에 없다. 마돈나가 일관성 있게 변신한 결과, 대중은 목을 길게 늘어뜨리고 마돈나가 다음에는 어떤 모습을 보여줄지를 고대하게 되었다. 마돈나는 항상 변신을 거듭한다는 일관성을 지켜온 덕에 다른 연예인들과 스스로를 차별화할 수 있었고, 결국 자신의 브랜드를 강화할 수 있었다.

지속성

강한 브랜드는 지속성이 있어야 한다. 즉 언제나 목표 청중의 눈에 띄어야 한다. 오프라 윈프리를 생각해보자. 오프라는 대중의 시선에서 벗어나는 일이 없다. 매주 방영되는 텔레비전 쇼, 북클럽, 잡지 등을 통해 끊임없이 모습을 드러내며 다양한 미디어에도 출연하고 집 근처의 식료품점이나 레스토랑에도 나타난다. 끊임없이 자신의 모습을 드러낸 덕에 오프라는 놀라울 만큼 강력한 브랜드를 갖게 되었다.

○ 커뮤니케이션의 수레바퀴를 만들어라

업무상 목표를 달성하기 위한 다른 노력들과 함께 자신의 브랜드를 알리는 데 도움이 되는 계획을 세워야 한다. 그림 9-1의 이른바 커뮤니케이션 수레바퀴는 좋은 수단이 될 것이다. 직접 커뮤니케이션 수레바퀴를 완성해보고 싶다면, 실천편에 있는 관련 과제를 풀어보기 바란다.

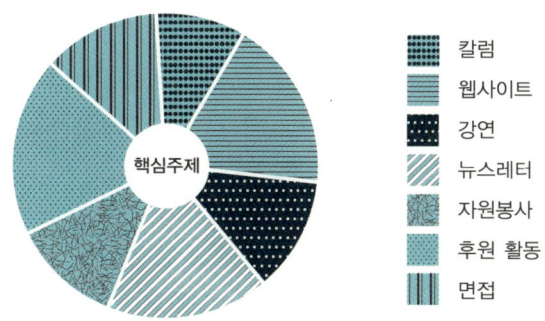

| 그림 9-1 | **커뮤니케이션 수레바퀴**

커뮤니케이션 수레바퀴는 커뮤니케이션 계획을 표현하는 데 도움이 된다. 브랜딩의 두 번째 단계인 표현 단계에서는 목표 청중에게 브랜드를 알리는 데 가장 도움이 되는 커뮤니케이션 방법들로 커뮤니케이션 수레바퀴를 채우면 된다. 하지만 핵심 주제, 즉 목표 청중에게 전달하고자 하는 중요한 메시지를 수레바퀴 가운데에 넣고서 다른 커뮤니케이션 방법들을 적용해야 한다. 이것이 3C 중 명쾌함과 관련된 부분이다. 핵심 주제가 있으면 커뮤니케이션 내용을 정확하게 알릴 수 있으며 목표 청중들이 그 내용을 보고 반드시 당신을 떠올리게 할 수 있다.

핵심 주제가 있으면 자신의 입장을 공고히 하는 데도 도움이 된다. 강렬한 브랜드는 결코 허술하지 않다. 핵심 주제는 강력한 의견을 표출하고 그 의견을 알리는 데 중요한 역할을 한다.

이미 알고 있을지도 모르겠지만, 브랜딩은 모든 사람을 기쁘게 하는 것과는 거리가 멀다. 모든 사람이 윌리엄처럼 스타벅스를 열렬히 좋아하는 것은 아니다. 커스틴은 상상조차 할 수 없겠지만 모든 사람이 아이팟만이 소유할 가치가 있는 유일한 MP3 플레이어라고 생각지는 않는다. 하지만 자신감을 가지고 브랜드를 표현한다면, 그 가치에 동의하지 않는 사람들까지도 당신의 브랜드를 깊이 존중하게 될 것이다.

사람들의 입에 오르내리는 것보다 더 나쁜 일은

사람들의 입에 오르내리지 않는 것이다.

—오스카 와일드, 아일랜드의 작가

다른 사람들은 어떤 핵심 주제를 갖고 있는지 사례를 살펴보자.

샐리 마케팅 담당 중역

뛰어난 마케팅 담당자는 기꺼이 위험을 감수한다. 실험이 마케팅의 전부라 해도 과언이 아니다. 난 항상 최고의 마케팅 방법을 새롭게 등장시킨다.

이안 IT 담당 중역

IT는 기술과 무관하다. IT는 비즈니스상 필요한 정보가 무엇인지 파악하고 적절한 사람에게 적절한 정보를 가져다주는 도구를 제공하는 것이다.

○ 사고 리더십을 구축하라

일단 자기 자신, 경쟁자, 목표 청중을 정확하게 파악했다면 자신이 채용 담당자, 인사 담당 중역, 잠재 고객, 비즈니스 파트너 등이 꼭 원할 만한 상대라는 걸 보여줄 수 있는 방법을 찾아야 한다. 앞에서 살펴보았듯이, 강력한 브랜드는 지속성이 있어서 항상 목표 청중의 시야에서 벗어나지 않는다. 따라서 이력서처럼 전통적인 커리어 마케팅 방법 외에 다른 커뮤니케이션 방법들도 사용할 줄 알아야 한다. 또한 자신의 관점을 표현하고 다양한 커뮤니케이션 방법을 통해 자신의 전문성을 알릴 수 있는 사고 리더십을 전달할 필요가 있다.

목표에 따라 커뮤니케이션 방법은 달라질 수 있다. 예를 들어 윌리엄의 목표는 자신이 운영하는 리치 사를 퍼스널 브랜딩 분야에서 세계적인 회사로 성장시키는 것이다. 윌리엄은 이를 위해 전세계 수많은 사람들과 함께 일을 해야 한다. 또한 그는 공개 대중 세미나를 개최하고, 실시간 또는 사용자가 원하는 시간에(다양한 시간대를 고려한 결정) 시청할 수 있는 인터넷 방송을 이용하고, 《타임》과 같은 세계적인 매체에 칼럼을 게재하는 등 다양한 커뮤니케이션 방법들을 활용하고 있다.

어떤 방법을 선택하든 자신의 마음에 들고, 목표 청중에 접근하는 데 도움이 되는 방법들을 택하는 것이 좋다. 예를 들어 대중 앞에서 연설을 하는 것이 목표 청중에게 접근하는 데 도움이 되지만 많은 사람들 앞에서 말을 하는 것이 죽을 만큼 싫다고 생각해보자. 이런 경우라면, 두려움을 극복하든지 목표 청중에게 접근하기 위한 다른 방법을 찾는 수밖에 없다. 반대로 이메일로 뉴스레터를 보내는 걸 좋아하지만 목표 청중이 CEO들로 구성되어 있다면, 《포춘》이나 《포브스》 등의 잡지에 실릴 칼럼과 같이 그들이 좀더 선호할 만한 방법을 찾는 것이 좋다. 마지막으로, 칼럼이나 책을 쓰는 것이 목표 청중에게 도달하는 데 가장 도움이 되는 방법이지만 글을 쓰는 걸 좋아하지 않는다면 대필 작가나 글을 잘 쓰는 이들의 도움을 받을 수도 있다. 자신의 성공 범주를 넓혀나가는 일은 신나고 재미있어야 한다. 따라서 자신이 좋아하지 않는 방법을 택하여 고난을 자초할 필요는 없다. 목표는 손쉽게 브랜드를 알리는 것이다. 그러므로 퍼스널 브랜딩에서 가장 흥미로운 부분이 바로 개인적인 만족감과 직업적인 만족감을 높이는 동시에 목표 달성에도 도움이 된다는 점이라는 사실을 잊어서는 안 된다.

사고 리더십을 구축하기 위해 다양한 커뮤니케이션 방법을 사용하는 것과 함께 지적 재산을 활용하는 것도 좋은 방법이다. 여기서 지적 재산이란 특정한 주제에 대한 자신의 생각을 뜻한다. 지적 재산이야말로 스스로를 차별화시키고 싶을 때 꼭 필요한 것이다. 다른 사람들이 자신을 떠올리는 데 도움이 되는 아이디어를 개발할 수 있다면 지적 재산이 자신의 사고 리더십을 표현하는 데 있어 더없이 중요한 브랜드 자산이 될 것이다.

새로운 아이디어는 없다. 다만 아이디어가
새롭게 받아들여지게 하는 방법이 있을 뿐이다.
—오드레 로드, 시인이자 행동주의자

○ 물리적 커뮤니케이션 계획을 짜라

　물리적 커뮤니케이션이란 대중을 상대로 강연을 하거나, 잡지나 신문에 개재할 칼럼을 쓰는 등의 활동을 뜻한다. 10장과 11장에서 다룰 온라인 커뮤니케이션과 차별화하기 위해 일부러 물리적 커뮤니케이션이라는 용어를 사용했다.

　물리적 커뮤니케이션 계획은 목표나 목표 청중에 따라 달라져야 한다. 하지만 다양한 활동을 실행하기 위해 필요한 시간과 함께 구체적인 활동 내용들을 기록하면 계획을 성공적으로 수행할 수 있는 기회가 커진다.

> **훌륭한 커뮤니케이션은 블랙커피만큼이나 자극적이고**
> **블랙커피를 마신 후에 잠이 드는 것만큼이나 어렵다.**
> ─앤 모로 린드버그, 비행 선구자이자 작가

　커뮤니케이션 계획을 세우고 싶다면, 어떤 방법을 활용할 수 있는지부터 생각해보자.

강연

　자신의 존재를 부각시키고 브랜드를 알리기 위해서 대중 강연을 하는 것도 좋다. 대중 강연을 브랜드 커뮤니케이션의 방법으로 활용하지 않더라도 대중 강연 능력을 향상시키는 것이 좋다. 어떤 조직에 몸을 담고 있든 직위고하를 막론하고 누구나 많은 사람들 앞에서 프레젠테이션을 해야 할 때가 있다. 그리고 프레젠테이션은 진정한 목소리와 퍼스널 브랜드를 바탕으로 할 때 가장 효과적이다. 프레젠테이션의 기초를 익혀두면 자신만의 퍼스널 브랜드를 설득력 있고 효율적으로 청중에게 전달할 수 있다.

> **TIP** 대중 앞에서 강연을 할 때 초조함을 느끼는 경우가 많은데, 초조함을 극복하는 가장 좋은 방법은 연습을 많이 하는 것이다. 연습을 많이 할수록 대중 앞에서의 연설이 한결 편안하게 느껴진다. 그러므로 강연을 해야 할 상황이 생기면 그 기회를 놓치지 말자. 대중 앞에서 연설하는 모임에 가입하는 것도 좋은 방법이다.

대중 강연은 청중들에게 자신의 퍼스널 브랜드를 직접 소개할 수 있는 훌륭한 기회다. 연사의 이야기에 귀를 기울이고, 연사를 직접 바라보면서 청중은 연사에 대한 모든 것을 이해할 수 있게 된다. 자신이 선택하는 어휘, 어조, 목소리의 높낮이, 표정, 자세 등을 통해 자신의 브랜드를 전달할 수 있다. 메시지를 명료하게 전달하기 위해 파워포인트와 같은 멀티미디어 프레젠테이션 툴을 사용하는 것도 좋은 방법이다. 그렇게 하면 청중에게 자신의 열정, 전문성, 개성을 모두 전달할 수 있다.

대중 연설을 커뮤니케이션 방법에 포함시키기로 마음먹었다면 직장이나 동우회, 자원봉사 모임 등에서 기회가 있을 때마다 연설을 해보자. 인터넷 검색을 통해 관련 컨퍼런스에 관한 정보를 얻고 관련 게시판에 연설 의사를 밝히는 것도 좋다. 컨퍼런스 주최 측은 보통 행사 3~12개월 전에 연사를 선정한다. 조금만 신경 써서 계획을 세운다면, 다음 해 달력을 강연 일정으로 채울 수 있다. 강연 의사를 밝힐 때에는 행사와 관련이 있는 주제를 제안해야 한다. 강연하고자 하는 주제가 시의 적절한지, 자신의 브랜드와 연관이 있는지를 판단해야 한다.

글쓰기

출판은 더 이상 전문가들의 전유물이 아니다. 요즘 같은 시대에는 아이디어를 활자로 나타내는 것이 경력을 쌓아가는 데 큰 도움이 된다. 당신의 입장을 나타낼 수 있는 칼럼이나 보고서를 작성하면 동료나 상사, 고객 등이 당신의 브랜드를 쉽게 알아볼 수 있다. 다음에 소개되는 스콧 데이비스의 이야기를 읽어보면 출판을 하는 것이 얼마나 중요한지 알 수 있다.

브랜드를 전달하기에 적합한 매체를 발견하였는가? 원하는 잡지사에 직접 연락을 해보는 것도 좋다. 칼럼을 작성하기 전에 각 잡지에서 선호하는 종류, 길이, 어조를 파악할 필요가 있다. 따라서 이 잡지들에 이미 수록된 다른 글들을 읽어보는 것이 좋다.

스콧 데이비스 글로벌 브랜드 컨설팅 업체의 사장

스콧 데이비스는 14년 동안 켈로그에서 강의를 하고, 두 권의 책을 집필하고, 전세계 곳곳에서 중요한 컨퍼런스를 진행하고, 광고 관련 잡지 《애드버타이징 에이지(Advertising Age)》에 매달 칼럼을 기고하는 등 다양한 마케팅 활동을 통해 꾸준히 퍼스널 브랜드를 쌓아왔다. 스콧은 잡지에 칼럼을 실을 경우 잡지 구독자에게 자신을 알리는 데서 끝나는 것이 아니라 그 칼럼이 인맥을 구축하는 강력한 도구가 된다는 사실을 깨달았다.

스콧은 최고 수준의 마케팅 담당자들과 그 자리에 앉기를 희망하는 사람들을 위해 칼럼을 작성한다. 스콧은 잡지에 칼럼을 쓴 덕에 자사의 데이터베이스에 포함되어 있는 1만 3,000개의 업체 외에도 1,500명 이상의 마케터들과 소통할 수 있게 되었다. 스콧은 마우스를 몇 번 클릭하는 것만으로 인맥을 강화할 수 있는 기회를 얻게 된 것이다.

뿐만 아니라, 스콧은 과거에 알고 지냈던 지인, 고객, 친구, 제자, 동료, 잠재적인 신규 고객 들과 주기적으로 연락을 할 수 있게 되었으며 유능한 인재들도 얻고 새로운 프로젝트도 여러 건 맡게 되었다. 게다가 칼럼을 작성할 때 예전 고객의 이름을 언급하여 그간의 관계를 한층 더 공고히 하기도 한다.

TiP 　각 업계의 동향을 담은 업계지를 비롯한 각종 전문가용 정기간행물을 읽을 때에는 편집자와 기자의 이름이나 연락처를 확인해 두자. 그렇게 하면, 괜찮은 아이디어가 생겼을 때 연락을 취할 수도 있고 해당 잡지의 기사에 관해 전문가의 의견을 제시할 수도 있다.

출판물에 글을 쓰는 것 외에도 글을 통해 퍼스널 브랜드를

알릴 수 있는 다른 방법들도 생각해보자. 예를 들어 회사의 사내 뉴스레터에 실을 글을 작성할 수도 있고, 지역사회나 전문가 모임에서 발행하는 간행물에 실을 칼럼을 작성할 수도 있다. 다양한 경로를 통해 출판되는 글을 쓰면 자신의 브랜드를 좀더 널리 알릴 수 있을 뿐 아니라 자신의 강점을 강조할 수 있다.

책을 쓰는 것도 생각해볼 만하다. 물론 책을 쓰려면 많은 노력이 필요하다. 하지만 출판된 책의 저자가 되면 자신에 대한 신뢰를 강화할 수 있고 스스로를 차별화할 수 있다. 옛말에 누구나 한 권쯤은 마음에 담아두는 책이 있다고 하지 않은가. 책을 쓰고 싶다면 책을 쓴 경험이 있는 사람들을 통해 어떻게 책을 출간하게 되었는지, 제안서는 어떻게 준비하였으며 어떻게 출판사와 접촉할 수 있는지 등에 관한 정보를 얻기 바란다.

자신의 글이 출판된 적이 있다면, 그 글이 실린 매체에 관한 정보와 함께 그 글들을 모두 보관해두는 것이 좋다. 자신이 직접 작성한 글을 잘 정리해두면 브랜드에 도움이 되는 완벽한 포트폴리오를 구축할 수 있다.

> 색깔은 바래고, 신전은 무너지고, 제국은 멸밍하지만
> 지혜의 말씀은 영원하다.
>
> —에드워드 손다이크, 미국 심리학자

조직 활동을 하라

자신의 브랜드를 표현하는 데 도움이 되는 또 다른 방법은 동종 업계 사람들로 구성된 모임이나 봉사 단체 등에서 눈에 띄는 역할을 맡는 것이다. 모임 활동을 할 때에는 강연, 글쓰기, 프로그램 구성 등을 통해 자신을 알릴 수 있는 역할을 맡는 것이 좋다. 여러 모임에 가입하는 것보다 자신이 속한 한두 곳의 모임에서 리더로서 적극적으로 활동하는 것이 훨씬 효과적이다.

마음에 드는 모임을 찾기가 어렵다면, 모임을 직접 만들어보는 것도 좋다. 모임을 만드는 것이 어렵긴 하지만 자신을 드러내 보이고, 신뢰를 주고, 네트워크를 구축하는 일 자체가 원래 많은 노력이 필요하다. 14장에서는 이와 관련해 인맥 관리의 중요성에 대해 살펴볼 것이다.

창의성을 발휘하라

앞에서 설명한 일반적인 커뮤니케이션 도구 외에도 자신만의 특별한 방법을 이용할 필요가 있다. 목표 청중에게 자신을 알리는 데 도움이 될 만한 재미있고 창의적인 방법을 알고 있다면, 그 방법을 활용하면 된다. 자신만의 특별한 가치 약속과 관련이 있는 프로그램을 개발한 여성의 사례를 살펴보자.

패트리샤 흄 비즈니스 파트너스 앤 얼라이언스 부사장

팻은 어디를 가든 열렬한 팬을 끌어모으는 능력이 있다. 따뜻한 마음, 열린 태도, 사람에 대한 존중, 하나의 일을 중심으로 여러 사람들을 조직하는 능력 등 이 모든 특징들 덕택에 그녀는 직장 동료들과 스스로를 차별화시킬 수 있었으며 부하직원들이 그녀를 잘 따른다. 회사 내에서 다른 조직으로 옮겨갈 때에는 그녀를 따라 부서를 옮기려는 직원들이 줄을 선다. 그녀는 다른 동료들과는 달리 모든 사람을 열린 태도로 진실되게 대한다. 그녀의 솔직한 성격은 자신만의 특별한 가치 약속을 만들어내는 데 중요한 요소가 된다. 그녀는 항상 '솔직하게 얘기한다.' 그리고 이야기를 듣는 사람들이 자신의 이야기에 귀를 기울이고 자신이 전달하고자 하는 메시지를 받아들일 수 있는 방식으로 얘기한다.

팻은 커뮤니케이션의 중요성에 관한 자신의 생각을 표현하기 위해 굉장히 많은 수의 전통적인 커뮤니케이션 도구들을 활용한다. 그녀는 커뮤니케이션이 팀원들에게 동기를 불어넣는 데 매우 중요한 역할을 하고 있음을 잘 알고 있다. 또한 자신의 브랜드를 좀더 널리 알리기 위해 자신만의 커뮤니케이션 방법을 개발하기도 했다. 예를 들자면, 팻은 비즈니스 파트너들의 모임(팻의 고객층이 되는 사람들)에서 열린 커뮤니케이션을 하기 위해 '팻과 함께하는 대화의 시간'을 생각해냈다. 모임 구성원들은 언제라도 그녀에게 전화를 걸어 비즈니스 파트너 프로그램에 어떤 변화가 있는지 물어보고 솔직한 답을 들을 수 있으며 파트너들이 회사를 어떻게 이끌어나가고 있는지 확인할 수 있다. 그녀가 개발한 또 다른 커뮤니케이션 방법인 '포옹 프로그램'도 유명하다. 그녀는 사무실 밖에 있는 발코니에서 매주 금요일마다 이 행사를 진행한다. 팀원들끼리 열린 대화를 하는 데 도움을 주고자 생각해낸 것이었다. 이 시간에 팀원들은 맥주를 들고 모여서 얘기를 나누고, 웃고, 속내를 털어놓고, 정보를 공유하고, 서로를 알아가고, 포옹도 한다.

◯ 중요한 것은 실행이다

일단 어떤 커뮤니케이션 도구를 활용하고 싶은지 파악했다
면 각 도구를 통해 자신의 메시지를 가장 잘 전달할 수 있는
경로가 무엇인지 조사해보자. 예를 들어 원하는 고객층에 접
근하기 위해 칼럼을 쓰기로 결정했다고 가정해보자. 이런 경
우라면 대중 잡지, 뉴스레터, 업계 동향 잡지 등 메시지를 전
달하기에 가장 적합한 매체는 무엇인지, 목표 청중이 선호하
는 매체는 무엇인지를 알아야 한다.

그런 다음, 커뮤니케이션 활동의 우선순위를 정하고 각 활
동을 개시하기 위한 일정을 정하자. 카일의 커뮤니케이션 계
획은 다음과 같다(아래에 기록되어 있는 내용 중 일부는 11장에서
살펴볼 '온라인에서 자신을 드러내는 방법'과 관련이 있다).

■ 중요한 제약 마케팅 컨퍼런스 두 곳에서 강연을 하기로 확정
■ 신상품을 출시하기 전, 광고 관련 팀 회의 주최

- 매년 열리는 광고 주간에 칼럼을 기고하고 세 번 이상 인용될 수 있도록 노력하기
- 전미마케팅협회에서 발송하는 뉴스레터에 고정 칼럼 작성
- 광고 담당 중역과 한께, 제약 광고 및 마케팅 분야에서 정직함과 인류애가 어떤 역할을 하는지에 관한 저서 공동 집필
- 다가올 비즈니스 행사에서 광고 에이전시를 대상으로 하는 회의 주최
- 마케팅프로닷컴(MarketingProfs.com)과 같은 마케팅 담당자들을 위한 포털사이트에 정기적으로 칼럼 제공
- 블로그를 만들어 최신 제약 광고 경향에 관한 생각을 주기적으로 기록하고 비슷한 생각을 갖고 있는 전문가들로 구성된 커뮤니티 형성
- 그 동안의 업적을 알리고 인터넷 검색을 통해 내 이름을 한층 더 쉽게 찾을 수 있도록 개인 홈페이지 구축
- 광고 관련 기사를 작성하는 기자들(특히 제약 광고 부문)과 접촉
- 아마존(Amazon.com) 사이트에 올라와 있는 광고에 관한 책에 서평 작성
- 광고와 관련된 블로그에 주기적으로 의견 업데이트
- 봉사 단체에서 적극적으로 활동
- 전문가의 기운이 느껴지는 증명사진 촬영
- 마케팅 분야 중역들의 모임인 MENG에 가입

효과적인 커뮤니케이션 계획 개발을 위한 조언

■ **커뮤니케이션 도구를 되도록 다양하게 활용하라.** 커뮤니케이션 자료를 만드는 목적은 필요한 자료를 개발한 다음 다양하게 적용하는 것이다. 이런 식으로 커뮤니케이션 자료를 개발하면 다음과 같은 장점이 있다. 우선, 자료를 재활용할 수 있기 때문에 최소한의 비용으로 최대의 효과를 얻을 수 있다. 둘째, 퍼스널 브랜딩의 3C 중 하나인 일관성을 보여줄 수 있다. 일단 내용을 작성한 다음 각 매체에 맞게 수정하면 어떤 매체를 이용하든 일관성 있고 명료한 메시지를 전달할 수 있다. 다음 예를 살펴보자. 검색엔진 최적화 분야의 전문가가 윌리엄을 찾아왔는데 그 여성은 '효과적인 검색엔진 최적화를 위한 열 가지 규칙'을 만들었다. 그런 다음, 그 내용을 파워포인트로 만들어 IT 부서나 마케팅 부서에 새로 들어오는 직원들에게 보여주었다. 뿐만 아니라 그에 대해 칼럼을 작성하고, 각각의 규칙에 대한 자세한 설명을 담고 있는 열 개의 칼럼을 추가로 작성했다. 앞에서 설명했듯이 이 고객이 만들어낸 모든 자료는 맨 처음 작성한 시안에서 비롯된 것이다.

■ **자기 자신을 반복해서 알리는 것에 익숙해져라.** 목표 청중에게 원하는 것을 전달하고자 할 때는 반복을 두려워하지 말자. 자신이 전달하고자 하는 메시지를 상대가 받아들이기까지는 많은 시간이 걸린다. 결국 매일 사람들에게 던

져진 수많은 커뮤니케이션 방법 중 살아남는 것은 메시지다. 특정한 목표 고객에게 브랜드 메시지를 전달하려고 할 때는, 변덕스럽게 굴어서는 안 된다. 인내심을 가지고 꾸준히 같은 메시지를 전달하자. 윌리엄은 컨트리 음악을 만들어 '변치 말아야 할 때는 변하지 마세요'라는 제목을 붙일 거라고 한다.

■ **진정한 자신의 모습을 찾아라.** 프레젠테이션을 할 때든 보고서를 작성할 때든 무엇보다 중요한 건 브랜드의 특성을 담아내는 것이다. 미래 지향적인 성향을 갖고 있다면, 최신 기술을 활용하여 자신의 진면목을 보여주는 것이 좋다. 열정적이고 결단력이 강한 사람이라면 그런 특징을 보여주면 된다. 어떤 방식을 택하든 개성을 담아내는 것이 중요하다.

커뮤니케이션 계획 점검표를 살펴보면 계획의 효율성을 평가하는 데 도움이 된다(표 9-1 참조). 목표 청중과 규칙적으로 의사소통을 하는 습관을 들이면, 곧 결실을 거둘 수 있다. 비슷한 생각을 갖고 있는 동종업계 종사자들이 연락을 해올 것이고 지인들이 자신을 대신해서 다른 사람들에게 브랜드 메시지를 전달해주기도 한다. 브랜드 커뮤니티의 구성원들과 한층 더 돈독한 관계를 형성하는 것도 또 다른 노력의 결실이다. 당신의 명성은 한층 더 높아지고, 궁극적인 목표에 한층 더 가깝

이 점검표를 이용하여 커뮤니케이션 계획의 효율성을 살펴보자. 각 문장을 읽어보고 '예' 또는 '아니오'에 체크한 다음 하단에 있는 설명을 보고 점수를 해석하면 된다.

문항	예	아니오
❶ 커뮤니케이션 계획의 각 요소가 나의 브랜드를 분명하게 표현한다.		
❷ 커뮤니케이션 계획이 전반적으로 퍼스널 브랜드를 통해 내가 전달하고자 하는 핵심 메시지와 일치한다.		
❸ 사고 리더십을 향상시키는 데 도움이 된다.		
❹ 목표 청중에게 지속적으로 모습을 드러내 보이는 데 도움이 된다.		
❺ 다양한 커뮤니케이션 도구가 포함되어 있다.		
❻ 계획에 포함되어 있는 모든 활동을 진행하는 것이 전혀 불편하지 않다.		
❼ 계획에 포함되어 있는 활동을 하는 것이 즐겁다.		
❽ 중요하긴 하지만 아직까지는 불편하게 느껴지는 활동의 경우 좀더 편안해지기 위한 방법을 염두에 두고 있다.		
❾ 계획에 포함되어 있는 여러 커뮤니케이션 방법을 통해 관련 자료를 재활용할 수 있다.		
❿ 계획에 포함된 일을 완수하기 위한 일정표를 만들었다.		
합계		

점수 해석하는 법: 대부분의 문장에 '예'라고 답했다면, 커뮤니케이션 계획이 효과적일 가능성이 크다. '아니오'라고 답한 문장이 있다면 약점을 보강해서 진심으로 '예'라고 말할 수 있는 방법이 무엇일지 생각해보자.

| 표 9-1 | **커뮤니케이션 계획 점검표**

게 다가가게 된다.

하지만 물리적인 커뮤니케이션 계획을 세우고 실행하는 것만으로는 충분치 않다. 효과적인 브랜드 구축을 원한다면 온라인 정체성을 이해하고 관심을 가질 필요가 있다. 10장에서는 온라인 정체성에 대해 살펴보고자 한다.

10

당신의 온라인 정체성을 평가하라

이번 장에서 우리는 다음의 내용을 살펴볼 것이다.

● 왜 온라인 정체성이 퍼스널 브랜드에 중요한가
● 현재 자신의 온라인 정체성을 평가하는 방법

새천년이 시작된 후부터 귀가 간질간질하다면, 그건 사람들이 입을 열어 당신에 대한 이야기를 하기 때문이 아니다. 그 이유는 바로 사람들이 인터넷 검색으로 당신을 찾고 있기 때문이다. 인터넷 검색으로 당신을 찾고 있는 사람들은 고용 담당 매니저, 인사 담당 중역, 동료, 고객, 비즈니스 파트너 등 아주 중요한 사람들이다. 요즈음은 인터넷이 전통적인 검색 방법들을 밀어내고 있으며 관심 있는 사람이 있을 때 가장 먼저 찾는 곳이기도 하다. 그 덕에 전화번호부와 도서관 사서가 멸종 위기에 놓일 지경이기도 하다. 결국 인터넷상에서 자신을 어떻게 드러내는지가 브랜드를 전달하고, 스스로를 차별화시키고, 목적을 달성하기 위한 노력에 도움이 되기도 하고 해가 되기도 한다.

이 장에서는 온라인 정체성에 대해 살펴보고 목표 청중에게 브랜드를 좀더 잘 알리기 위해 인터넷을 어떻게 활용해야 할지 알아볼 것이다.

구직자의 82퍼센트가 채용 담당자가 자신의 이름을
인터넷으로 검색하기를 바란다.
-《비즈니스 위크》, 2006년 6월 26일

○ 구글의 시대

구글이 세계에서 가장 강력한 검색엔진이라는 사실은 더 이상 비밀이 아니다. 거의 전세계 모든 국가에 있는 사람들이 하루에 2억 회 이상 구글을 사용한다. 하지만 지금 구글에 관한 이야기를 꺼내는 이유는 구글이라는 고유명사에 대해 설명을 하려는 것이 아니라 구글이 동사로 사용되는 현 상황을 설명하려는 것이다. 가장 최근에 만들어진 동사 중 하나인 '구글하다'는 일상적인 용어이자 일상적인 활동이 되어버렸다. 많은 사람들이 일과 중에 그 어떤 업무를 하는 횟수보다 빈번하게 구글한다.

구글하다 | 동사. 인터넷 검색을 통해 사람 또는 그 외의 다른

것에 대해 배우는 행위

    화상회의에서 새롭게 제공할 서비스에 대해 동료들과 논의를 하던 중, 누군가가 구글을 동사로 사용하는 걸 처음 목격했다. A가 "우리의 경쟁자가 해당 서비스 분야에서 명백한 선두 주자로 인식되고 있다"고 말하자, B가 맞받아치며 "절대로 그렇지 않아. 내가 방금 구글해봤는데 그 사람 이름은 전혀 검색되지 않던걸"이라고 답했다.

    미국 케이블 방송국 HBO에서 절찬리에 방영했던 〈섹스 앤 더 시티〉에서도 구글을 동사로 사용하는 장면이 나온다. 마지막 시즌에서 사라 제시카 파커가 맡았던 주인공 캐리 브래드쇼가 친구인 샬롯과 함께 관심이 가는 사람에 관한 정보를 얻기 위해 '그 러시아 사람에 대해 구글하는 것'에 대한 이야기를 나눈 적이 있다.

    이 같은 새로운 트렌드에 불을 붙이는 것이 비즈니스 세계이건 대중 문화이건, 구글은 단순한 유행이 아니다. 마땅히 그래야 하기에 구글이 모두에게 인정받는 어휘로 자리를 잡아가고 있는 것이다. 이런 형태의 검색은 주위 사람들에 대한 평가를 내리고자 할 때 아주 중요한 정보가 된다. 다음에 나올 '놀라운 사실'을 통해 구글 현상에 대해 좀더 자세히 살펴보기로 하자.

놀라운 사실들

■해리스 인터랙티브 설문조사 결과, 전체 응답자의 23퍼센트가 사업 파트너나 동료를 직접 대면하기 전에 인터넷으로 검색을 하는 것으로 드러났다.

■이그제큐넷에서 실시한 2006년 설문조사에서, 채용 담당자의 77퍼센트가 지원자를 구글하는 것으로 드러났다. 아울러 채용 담당자의 35퍼센트가 구글에서 얻은 정보를 바탕으로 지원자를 걸러낸다고 답했다.

■시장조사 기관인 컴스코어가 조사한 바에 의하면, 구글의 미국 검색 시장 점유율이 점점 높아지고 있다고 한다. 2006년 6월, 미국에서 진행되는 모든 검색 중 44.7퍼센트가 구글을 통해 이루어졌다.

■인사 담당자들을 대상으로 인터넷 검색을 통해 구직자에 대한 정보를 얻는 방법을 알려주는 강의가 있다.

■대부분의 채용 담당자들이 인재 채용 사이트에 방문해 구직자의 프로필을 살펴본다. 《포춘》에서 선정한 500대 기업의 20퍼센트 정도는 직원 채용 시 온라인에서 수집한 경력 관련 정보를 모두 모아서 자동으로 프로필을 만들어주는 서비스인 줌인포를 활용한다.

■레퓨테이션디펜더라는 신생업체는 고객이 요청할 경우 각 웹사이트의 관리자와 접촉해 고객의 명성에 해가 되는 내용을 삭제해줄 것을 요구한다.

■고객을 만나거나, 사내에서 새로운 일을 맡으려 하거나, 다른 회사로 옮길 계획이거나, 이사회에 지원할 생각이라면, 다른 사람들이 으레 검색을 할 거라고 생각하면 된다.

여러분이 여러분 자신을 인터넷으로 검색해보면 인터넷상에서 자신이 얼마나 알려져 있는지를 정확하게 파악할 수 있다. 성공적인 경력 관리를 원한다면 자신이 얼마나 눈에 띄는 존재인지를 파악하는 것이 무엇보다 중요하다(적어도, 목표 청중들에게 있어서 아주 중요한 요인이다). 검색 결과는 의사결정을 내리는 사람들에게 지대한 영향을 미친다. 그런 만큼, 퍼스널 브랜드를 구축하고 키워가고 있는 사람이라면 다른 사람들이 인터넷을 통해 자신의 이름을 검색할 수도 있다는 사실을 깨닫고 다음과 같은 의문을 품어야 마땅하다.

■ 구글 검색을 통해 찾을 수가 없다면, 과연 존재한다고 할 수 있을까? 요즘 같은 온라인 검색 시대에는, 구글 검색 결과가 몇 페이지는 되어야 제법 이름이 알려졌다고 볼 수 있다. 반대로 온라인 검색을 통해서 도저히 찾을 수 없거나, 부고란에서만 이름을 발견할 수 있는 지경이라면 브랜드가 전혀 알려지지 않았다고 볼 수 있다. 그러므로 인터넷 공간에서 내 존재를 전혀 찾을 수가 없다면, 검색을 시도한 사람이 결국 무시해버리게 될까?
■ 검색 내용이 면접이나 고객과의 거래에서 평판조회를 대신하게 될까? 사실, 온라인 검색 결과는 자신이 직접 선택한 사람들보다 좀더 객관적인 시각으로 정보를 제공한다. 새로운 고객을 만나거나 일자리를 찾는 데 있어 인터넷

검색 결과가 결정적인 역할을 하게 될까?

그 누구도 이 모든 질문에 명쾌하게 답을 할 순 없다. 하지만 무엇보다 중요한 것은 현재 자신이 온라인상에서 어느 정도 모습을 드러내고 있는지를 파악하는 것이다. 즉 인터넷상의 정보가 퍼스널 브랜드와 얼마나 맞아떨어지는지를 판단하는 것이다.

세계적인 경영 컨설팅 기업인 액센추어는
경영의 귀재 50인을 선정할 때 구글 검색 결과를
세 가지의 중요한 잣대 중 하나로 활용한다.
―《아웃룩 저널》, 2003년 1월

 ## 자신의 디지털 프로필 수준을 파악하라

현재 당신의 온라인 정체성은 무엇을 나타내고 있는가? 지금 당장 컴퓨터를 켜고 구글에 접속하여 검색창에 자신의 이름을 입력한 다음, 흔히 사용되는 검색엔진이 어떤 결과를 보여주는지 살펴보자. 놀라운가? 기분이 좋은가? 우울한가? 부끄러운가? 당신의 이름에 먹칠을 할 만한 정보를 발견하였는가? 인터넷 검색을 하였더니 자신에 관해 정확하지 않거나 부적절한 정보만 나온다면 자신의 퍼스널 브랜드를 잘 전달할 수 있도록 온라인 정체성을 강화해야 한다. 또한 사람들이 보지 않기를 바라는 정보보다 보여주고 싶은 정보가 상위에 표시되도록 해야 한다.

구글 검색 결과 자신이 원하는 것과 다른 이미지를 발견하게 될 수도 있다. 이사진으로부터 해고 의사를 전달받은 수전의 경우가 바로 그랬다. 그 회사에서는 수전의 해고와 관련된 자세한 내용을 인터넷에 모두 올려놓았다. 수전의 이름을 검색했을 때 검색엔진이 보여주는 최초의 결과가 바로 그 회의 내용이었다. 수전은 채용 담당자가 구글 검색 결과에 대해 일러줄 때까지 왜 단 한 곳에서도 면접 제의가 오지 않는지를 알지 못했다. 수전은 자신이 온라인상에서 비난을 받고 있는 존재라는 걸 몰랐던 것이다.

이 이야기가 주는 교훈은 무엇일까? 자신의 이름을 정기적으로 검색해보라는 것이다. 여러분을 직접 만나보지 못한 사람은 검색 결과만으로 그 사람을 판단한다. 이때 그 정보가 얼마나 정확한지, 얼마나 공정한지는 중요하지 않다. 인터넷상에서 자신의 이름을 찾아보고 자신이 원하는 검색 결과가 먼저 나타나게 하는 것이 중요하다. 《비즈니스 위크》의 보도에 의하면 구직자의 33퍼센트가 인터넷상에서 자신의 이름을 검색하지 않는다고 한다. 어쩌면 이들 중 누군가도 수전과 같이 불쾌한 경험을 하게 될지도 모른다. 계속해서 경력을 쌓아갈 생각이라면 온라인 검색을 통해 훌륭한 결과가 나타날 수 있게끔 온라인 정체성을 적극적으로 관리하는 것이 좋다.

> **TIP** 매주 월요일 아침마다 포털사이트에서 자신의 이름을 검색해보고 결과에 변화가 있는지 살펴보자.

그림 10-1을 보면 온라인 정체성에 관한 네 가지 시나리오를 살펴볼 수 있다. Y축은 온라인상에서 발견할 수 있는 자신에 관한 정보를 뜻하고 X축은 각 정보가 자신의 퍼스널 브랜드와 얼마나 관련이 있는지를 나타낸다(좀더 구체적으로 설명하자면, '그 정보가 자신이 이야기하고 싶은 것을 알려주는가?', '일관성이 있는가?', '그 정보가 자신이 누구인지, 무엇을 대표하는지 알리는 데 도움이 되는가?' 등을 나타낸다).

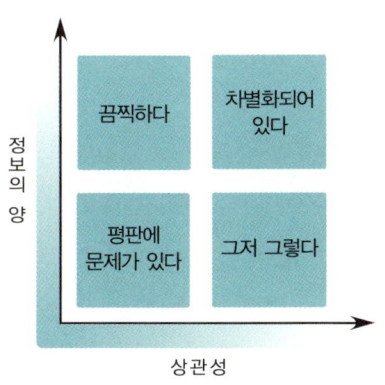

| 그림 10-1 | **온라인 정체성 매트릭스**

자신의 이름을 검색해보았을 때, 얼마나 많은 정보가 도출되는가? 다음은 경력별로 적절한 수를 나타낸 것이다.

당신이 다음 항목에 해당된다면	적절한 수
경력 5년 이하의 전문가(대학을 갓 졸업한 경우 포함)	5~50건
5~10년 정도의 경력을 갖고 있는 사람	50~500건
10년 이상의 경력을 갖고 있는 이사급 관리자, 프리랜서, 중소기업 사장	500~5,000건
부사장, 자타가 공인하는 지식계 리더, 유명 프리랜서, 다양한 분야의 전문가	5,000~50,000건
대기업 중역, 매우 저명한 전문가, 베스트셀러 작가	50,000 ~500,000건
유명인사, 전세계적으로 이름이 나 있는 지도자, 정치인	50만 건 이상

| 표 10-1 | 경력에 따른 적절한 분량

수천 명의 CEO, 개인 컨설턴트, 유명인사, 초보 구직자, 지식계 리더, 대학생 등에 관한 검색 결과를 바탕으로 자신의 검색 결과를 평가하는 데 도움이 될 만한 기준표를 만들어두었으니 표 10-1을 참조하기 바란다.

적당한 분량의 정확한 검색 결과를 확보하는 것 외에도 그 결과가 자신의 퍼스널 브랜드를 명확하게 전달하고 목표 달성

만약 다음의 경우라면	평가
거의 모든 검색 결과가 자신의 이름과 관련된 것이지만 동명이인에 관한 것이 많거나 자신의 전문 분야와 아무런 상관이 없는 것을 언급한다.	전혀 상관성이 없음
대부분의 결과가 자신과 관련이 없는 것이거나 전문 분야와 무관한 것을 언급한다. 하지만, 검색 결과 중 일부는 자신의 전문 분야와 관련이 있다.	상관성이 거의 없음
검색 결과 중 절반 가량은 자신 및 자신의 전문분야와 관련이 있으며 자신의 홈페이지나 블로그에 관한 내용이 많다.	상관성이 약간 있음
전체 검색 내용의 75% 가량이 자신에 관한 것이며 자신의 브랜드를 잘 보여준다.	상관성이 아주 높음
거의 모든 검색 결과가 자신에 관한 것이며 자신의 전문 분야 및 브랜드를 잘 나타낸다.	완벽한 상관성

| 표 10-2 | 검색 결과의 상관성 평가

에 도움이 되어야 한다. 누구나 검색 결과가 자신의 독특한 가치 약속을 전달하는 데 도움이 되기를 바랄 것이다. 표 10-2 에 검색 결과의 상관성을 평가하는 방법을 설명해두었다.

자신에 관한 정확한 정보의 양이 얼마나 되는가? 그 결과들이 얼마나 일관성 있게 자신의 퍼스널 브랜드를 전달하고 있는가? 이 두 가지 범주에 대한 판단을 바탕으로 다음의 평가문

중 어떤 것이 자신의 온라인 정체성을 가장 잘 나타내는지 판
단해보기 바란다.

■ **존재감이 없다** | 인터넷상에 자신에 관한 정보가 전혀 없
  다. 검색창에 자신의 이름을 입력하여 검색을 했지만 자
  신에 관한 정보가 전혀 검색되지 않는다. 물론 그렇다고
  해서 존재 자체를 부정할 순 없다. 다만 인터넷으로 검색
  을 하는 사람들로부터 숨겨져 있는 것뿐이다.

■ **무시당하고 있다** | 인터넷상에 자신에 관한 정보가 있긴
  하지만 부정적인 내용이거나 자신이 원하는 퍼스널 브랜
  드와 일치하지 않는다.

■ **그저 그렇다** | 자신에 관한 정보가 많지만 자신이 드러내
  고자 하는 모습과는 거리가 있다. 동명이인에 관한 정보
  일 수도 있다.

■ **약간의 존재감이 있다** | 자신의 퍼스널 브랜드와 일치하는
  정보가 있다. 검색 결과는 많지 않지만 검색된 내용은 퍼스
  널 브랜드와 관련성이 높다. 문제를 쉽게 해결할 수 있을
  듯하다.

■ **차별화되어 있다** | 자신에 관한 검색 결과가 많으며, 대부
  분 자신의 독특한 가치 약속에 도움이 되는 내용이다. 온
  라인 정체성의 세계에서 이처럼 좋은 일은 없지만 포털사
  이트 검색 결과는 런던의 날씨만큼이나 변덕이 심하다는

사실을 기억해두기 바란다. 그렇다면 여기서 얻어야 할 교훈은 무엇일까? 수정이 필요하진 않은지 검색 결과를 주기적으로 관찰하는 것이다.

지난 10년 동안 온라인 구인·구직 사이트에서부터 블로그의 탄생에 이르기까지 많은 일들이 있었다. 이 모든 것들이 경력 관리에 지대한 영향을 미쳤으며 이후 10년 동안에도 지난 10년과 마찬가지로 많은 변화가 일어날 듯하다.
—《패스트 컴퍼니》, 2006년 3월호

온라인상에서 드러난 자신의 모습이 어떻든 개선의 여지는 있다. 온라인상에서 자신의 영역을 넓혀가고 좀더 두각을 나타내고, 신뢰할 수 있는 모습을 보인다면 차별화되어가는 자신의 모습을 발견할 수 있을 것이다. 또한 인터넷상에 올라와 있는 자신에 관한 정보가 변하더라도 여전히 차별화된 모습으로 남을 수 있다. 물론 자신만의 독특한 가치 약속, 즉 브랜드를 명료하게 정의하지 못하면 온라인상에서 명성을 구축할 수 없다. 게다가, 온라인상에는 수십억 개의 웹페이지가 존재하며 사람들은 자신이 원하는 내용이 아니라는 사실을 발견한 순간 재빨리 다른 사이트를 찾아 떠나가버리는 만큼 온라인상에서 다른 사람들에게 브랜드를 알리는 것은 특히 어려운 일이다. 그러므로 온라인 정체성을 구축하거나 수정하기 전에, 4장에서 7장까지 설명한 '1-2-3 성공!'의 첫 단계인 추출 과정을 성실하게 이행했는지 다시 한 번 되돌아보자.

> 온라인상에서 자신을 알리는 것은
> 퍼스널 브랜드를 구축하기 위한 최고의 방법이자,
> 가장 쉽고 빠른 방법이기도 하다.
> —보리스 만, 『웹 2.0과 퍼스널 브랜드 개발』

11

온라인에서
브랜드를 구축하라

이번 장에서 우리는 다음의 내용을 살펴볼 것이다.
- 블로그, 개인 홈페이지 등의 온라인 정체성 도구를 활용하여 브랜드를 구축하는 방법
- 온라인에서 두각을 나타내는 데 도움이 되는 콘텐츠를 만드는 방법
- 온라인 정체성을 구축하기 위해서 해야 할 것과 하지 말아야 할 것

이제 온라인 프로필이 무엇인지 이해했으니, 온라인 프로필을 개선시키기 위한 계획을 세워보자. 자신의 브랜드에 걸맞은 온라인 정체성을 만드는 데 도움이 되는 방법은 다양하다. 블로그를 이용할 수도 있고, 개인 홈페이지를 운영할 수도 있고, 인맥 관리 사이트를 활용할 수도 있고, 온라인에서 글을 쓰거나 인터넷 동호회 등에 가입하여 브랜드 인지도를 높일 수도 있다. 가능한 한 이 모든 방법을 활용해야 한다. 이런 도구들을 현명하게 활용한다면, 자신이 원하는 모습으로 검색 결과가 나타나게 할 수 있다.

온라인에서 브랜드를 구축하기 위해 각 도구들을 어떻게 활용할 수 있을지를 살펴보자.

○ 블로그에 투자하라

블로그는 웹로그(weblog)라는 단어에서 파생된 말로 주기적으로 새로운 내용을 채워넣고 꾸준히 관리해주어야 하는 인터넷상의 공간을 뜻하며, 블로그 운영자가 자신의 관심 분야에 대한 생각이나 의견을 기록하는 곳이다. 게시판과는 달리, 블로그는 주로 한 사람 또는 소수가 꾸려나가는 공간이다. 최근 들어 블로그를 만들어 관리하는 사람과 기업이 늘어나고 있다. 블로그 관련 업체인 테크노라티(Technorati)에서 매일 10만 개의 블로그가 새로 생겨난다고 주장할 정도다(《타임》, 2006년 11월). 블로그는 프로그래머가 아니더라도 누구나 쉽게 온라인에서 브랜드를 구축할 수 있는 매력적인 도구다.

> 누구나 이메일을 사용하듯이, 조만간 블로그가 필수 아이템으로 자리를 잡을 것이다. 블로그는 일대일 의사소통 방식 대신 일대다 방식의 의사소통을 하는 데 도움을 준다.
> —데비 웨일, 『기업의 블로그 활동(The Corporate Blogging Book)』

블로그는 온라인에서 퍼스널 브랜드를 알리기 위한 훌륭한 기반이 된다. 또한 신뢰를 주는 데도 도움을 준다. 블로그를 자신의 전문 분야와 관련이 있는 내용으로 잘 꾸미면 스스로를 같은 직업에 종사하는 사람들과 차별화시킬 수 있다.

블로그는 나의 역동적인 성향과 변화를 사랑하는 브랜드 특성을 한층 강화시켜주며, 원하는 결과를 얻기 위해 얼마나 기술을 잘 활용하는지를 보여주며, 전문가로 넘쳐나는 기술 시장에서 나를 차별화시켜주는 매우 중요한 커리어 커뮤니케이션 매체라 할 수 있다.

—니나 부로카스, 브랜드 전략가

블로그를 운영하면 방문자들의 의견을 들을 수 있으므로 쌍방향 의사소통의 장이 되기도 한다. 모든 강력한 브랜드는 사용자의 반응을 파악하는 데서 그치지 않고, 사용자들과 쌍방향 대화를 한다. 인터넷 검색 시스템은 자주 업데이트가 되는 콘텐츠를 우선적으로 보여주기 때문에 블로그 활동을 하면 검색 순위가 높아진다(검색 목록 상위에 이름을 올릴 수 있다는 뜻이다). 실제로 블로그 활동을 활발하게 하는 사람들 중에는 블로그(Blog)가 구글 검색 순위를 높이는 활동이라는 뜻의 영어 표현 'Better Listening On Google'에서 각 단어의 첫 글자를 조합해 만든 표현이라고 이야기하는 이들도 많다.

무엇을 쓸 것인가

블로그를 운영하는 목적이 일자리를 얻는 것이나 경력 관리라면, 일과 관련된 내용만 담도록 유의해야 한다. 개인 블로그의 대다수에는 좋아하는 음식이나 영화 등 공적인 일과는 아무런 관련이 없는 개인적인 정보도 들어 있다. 그러나 이렇게 사적인 내용이 들어 있으면 채용 담당자가 흥미를 잃기 쉽다.

현재 회사를 다니고 있는 상태라면 사내 블로그 규정을 익혀두는 것이 좋다. 특히 담당 업무나 관련 산업에 관한 내용을 기록하는 건 좋지만 몸담고 있는 회사에 관한 내용을 지나치게 많이 기록하는 건 금물이다.

다양한 주제에 관해 사고 리더십을 구축할 수 있도록 대부분의 블로그 내용을 활용할 것을 권하고 싶다. 자신의 블로그를 다른 블로그와 차별화시키는 방법은 틈새 분야에서 자신만의 목소리를 내는 것이다. 블로그 내용을 작성할 때 특별히 자신 있는 분야, 목표 청중의 걱정거리, 청중에게 가치를 전달하기 위한 자신만의 독특한 방법 등에만 집중할 수도 있다. 블로그에 올려져 있는 모든 내용들을 아우르는 하나의 주제를 만드는 것이 좋다. 그런 다음 포스트에 들어 있는 내용이 그 주제에 부합하는지를 살펴보면 된다.

> 블로그 활동을 하면 더 이상 형식적이고 답답한 브랜드 뒤에 숨을 필요가 없으며 더 따뜻하고 진실된 개성을 한껏 드러낼 수 있다.
>
> —앤디 위벨스, 『블로그 세상(Blog Wild)』의 저자

사람들은 블로그를 통해 블로거의 개성을 파악하기를 기대

하며, 블로그가 블로거의 세상을 들여다보는 작은 창이 되기를 바란다. 이력서에서 언급할 가치가 있고 지원 동기에 힘을 실어주는 분야가 무엇이 있을지 생각해보자. 그런 다음, 블로그에 개인적인 내용을 올릴 때 그 분야와 관련된 내용을 올리는 것이 좋다. 마치 로봇이 운영하기라도 하는 것처럼 아무런 느낌이 없는 블로그가 아니라, 개인 브랜드 특성을 잘 반영하는 블로그로 만들어나가는 것이 좋다.

블로그 관리의 생명력은 꾸준함이다

블로그를 운영할 때 직면하는 최대 과제는 브랜드 구축에 도움이 될 만큼 주기적으로 내용을 업데이트하는 일이다. 블로그에 관해 사람들이 가장 많이 묻는 질문 중 하나가 바로 '얼마나 자주 내용을 업데이트해야 합니까?'이다. 모두가 과중한 업무를 해결하느라 바쁜 세상이라 왜 이런 질문을 하는지 충분히 이해가 간다. 이 질문에 대한 답변으로 블로그의 달인들은 일주일에 세 번 정도가 적당하다고 얘기한다. 하지만 일주일에 세 번이나 블로그 내용을 업데이트하는 것은 대부분의 사람들에게는 어려운 일이다. 개인적으로는 일주일에 한 번 정도가 적당하다고 생각한다. 하지만 결코 한 달에 두 번 이하로 업데이트하는 것은 안 된다. 한 달에 두 번도 블로그를 관리하지 못한다면 블로그 외에 다른 방법을 사용하는 것이 좋다.

◯ 웹 포트폴리오를 작성하라

홈페이지를 만들면 끊임없이 새로운 콘텐츠를 만들어내지 않고도 온라인상에서 자신이 원하는 방식으로 존재를 부각시키는 데 도움이 된다. 웹 포트폴리오가 있으면 자신이 누구인지, 그 동안 어떤 업적을 일구어냈는지를 보여줄 수 있다.

포트폴리오라는 단어를 사용했다고 해서 내부가 서너 칸으로 나뉘어진 지퍼가 달린 커다란 검은색 가죽 가방을 얘기하는 건 아니다. 웹 포트폴리오는 링크나 멀티미디어 자료를 활용하는 방식을 지칭하는 것으로 전통적인 서류 포트폴리오를 온라인 방식으로 변형한 것이라고 보면 된다. 예컨대 마케팅 중역의 경우 브랜드에 관한 설명, 사례 연구, 자신의 전략과 관련된 언론 보도내용을 연결하는 링크, 청취 자료, 마케팅협회에서 활용한 최근 프레젠테이션 자료 등이 웹 포트폴리오에 해당된다. 포트폴리오가 전문가로서의 업적을 소개하는 자료를 포함한다는 점에서 온라인상의 이력서라고 볼 수 있다.

다른 홈페이지 운영자들과 마찬가지로, 당신은 많은 방문객들이 당신의 웹 포트폴리오를 찾아주길 바랄 것이다. 사용하기 편하고 보기에도 좋게 만들어두면 방문객을 끌어들이는 데 도움이 된다. 온라인상에 있는 경력 '포트폴리오'는 대부분 구성 상태가 조악하기 때문에 웹 포트폴리오를 근사하게 꾸며놓으면 방문객에게 깊은 감명을 줄 수 있다. 어쩌면 이미 수많은 홈페이지들이 운영자가 마치 아마추어인 듯한 인상을 준다는 사실을 발견했는지도 모르겠다. 업무와 관련된 내용에 종교, 정치, 사생활 등 개인적인 정보와 가족 사진을 섞어두는 경우도 있다. 뿐만 아니라 이력서를 통해 확인할 수 있는 정보만 제공하는 경우도 많다. 이런 실수를 피하는 것만으로도 다른 홈페이지들로부터 자신의 홈페이지를 한층 차별시킬 수 있다.

> **TIP** 웹 포트폴리오에 담을 내용을 결정하기 전에 상사, 미래의 고용주, 고객이 그 내용을 좋아할지 생각해보자.

열정을 보여주어라

콘페리(Korn/Ferry) 사에서 실시한 온라인 조사에서 응답자의 44.7퍼센트가 중역들이 이력서를 정직하게 적지 않는 경우가 늘어나고 있다고 답했다. 웹 포트폴리오를 운영하면 방문객들에게 단순히 무엇을 해냈다고 말로 설명하는 대신 증거를 보여줄 수 있기 때문에 경력을 부풀린다는 오해를 피할 수 있다. 예를 들어 프레젠테이션 능력이 우수하다고 이야기하고 싶다면, 프레젠테이션을 하는 모습을 담은 동영상을 올려두면 된다. 칼럼, 수상 내역, 백서, 언론 보도 내용, 강연 일정 등도 자신의 전문성을 증명해 보이는 훌륭한 방법이다. 랑스 위더비는 자신의 능력을 보여주기 위해 CNBC와의 인터뷰 동영상을 홈페이지에 올려두었다. 그림 11-1을 보면 랑스 위더비의 웹 포트폴리오에 올라와 있는 동영상을 확인할 수 있다.

홈페이지를 통해 자신이 제안한 가치 약속을 이행할 수 있다는 확실한 근거를 보여주는 것이 좋다. 직접 증거를 제시하여 방문객과 인터넷상에서 미리 교감을 형성하였다면 전화나

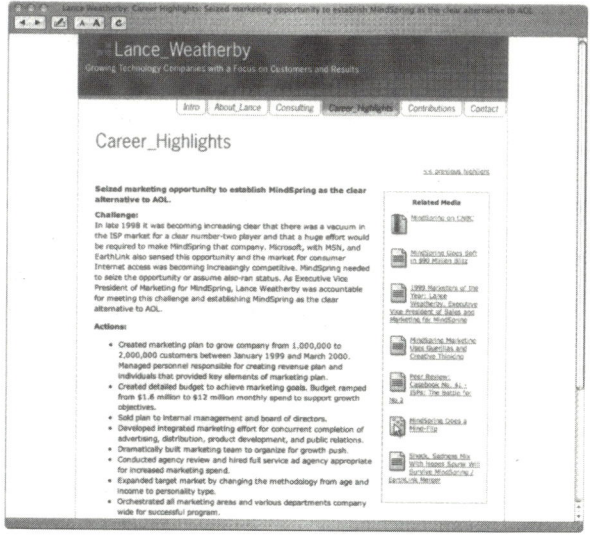

| 그림 11-1 | 성과를 보여주는 증거

직접적인 대면을 통한 대화가 한층 심오하고 생산적인 방향으로 진행될 수 있다. 뿐만 아니라 처음부터 채용 담당자에게 자신에 대해 좀더 많은 것을 알릴 수 있으므로 구직의 가능성이 좀더 높아진다. 이를테면 알렉산더 게니오는 브랜드를 알리는 데 도움이 되는 프레젠테이션 내용을 담은 노래하는 동영상(www.flashcv.com)을 만들어 마이크로소프트의 인턴 자리를 얻을 수 있었다. 물론 이처럼 창의적인 접근 방법이 모두에게 해당되는 건 아니다. 이것이 바로 핵심 포인트다. '자신의 브랜드에 도움이 되는 방법은 무엇인가?'를 고민해야 한다.

요즘은 모두가 바쁘다 보니 온라인에서 원하는 정보를 빨리 얻고 싶어한다. 따라서 홈페이지를 구성할 때에는 기발하기보다 명확하게 전달하는 것이 중요하다. 고용 담당자들에게는 지원자가 어떤 능력을 갖고 있는지, 어떤 경험이 도움이 될지를 판단할 만한 충분한 시간이 없다. 그러므로 직설적인 언어로 자신이 정확하게 무엇을 원하며, 왜 그 일을 하기에 가장 적합한지를 명료하게 설명해야 한다. 그것이 바로 온라인에서 눈에 띄는 존재가 되기 위한 노력을 하는 것보다 명확한 브랜드 정의가 선행되어야 하는 이유다.

그렇다면 온라인에서 방문객의 관심을 사로잡고, 그것을 잃지 않게끔 하는 방법은 무엇일까? 명확한 브랜드 헌장이나 슬로건, 매력적인 디자인, 사용하기 쉬운 정보 구조 등이 방문객들을 좀더 오랫동안 홈페이지에 묶어두는 방법이다.

헤더 헨릭스의 웹 포트폴리오 디자인이나 콘텐츠에는 일에서건 봉사 활동에서건 모험적인 활동에서건, 헤더의 창의력과, 한계를 넘어서기 위한 열정이 엿보인다. 이 홈페이지의 슬로건을 보는 순간 헤더가 어떤 분야에 뛰어난 능력을 갖고 있는지 분명하게 알 수 있다. 좀더 자세한 내용을 알고 싶다면 www.heatherhenricks.com을 방문해보자.

> 웹 포트폴리오를 만든 것이 내가 지금껏 경력을 쌓기 위해
> 해온 일 중에 가장 잘한 일이라는 데는 의심의 여지가 없다.
> 행복한 마음으로 회사를 잘 다니고 있을 때에도 인사 담당
> 자들이 전화를 걸어와 좋은 기회를 줄 때가 많다.
> —헤더 헨릭스

홈페이지의 디자인과 구성은 신중하게 결정해야 한다. 아무리 내용이 훌륭하고 매력적이라 하더라도 디자인이 퍼스널 브랜드를 전혀 반영하지 못한다면 오히려 역효과만 날 뿐이다. 예컨대 '신뢰할 만한 금융 설계사'라는 브랜드를 내세우면서 정작 홈페이지를 지나치게 창의적이거나 변덕스럽게 꾸며서는 안 된다. 홈페이지 전문 업체를 고용해 디자인과 관리를 맡길 생각이라면 좋은 업체를 선택할 수 있도록 신경을 써야 한다. 다음의 내용이 큰 도움이 될 것이다.

홈페이지 개발 업체 선택

조악한 홈페이지를 운영하는 것은 아예 홈페이지를 운영하지 않는 것만 못하다. 웹디자이너가 아니라면 전문가의 도움을 받는 것이 좋다. 다음 내용을 알고 있으면 홈페이지 개발 업체를 선택하는 데 도움이 될 것이다.

■ 필요한 역량을 모두 확보하고 있는지 확인하라. 해당 업체에는 퍼스널 브랜딩, 경력 관리, 디자인, 글쓰기, 인터넷 기술 등 각 분야에 대해 잘 알고 있는 전문가들로 구성된 팀이 있는가?

■ 어떤 경력이 있는지 확인하라. 돈을 내고도 이용하고픈 업체라면 오디오, 비디오, 플래시, 블로그, 팟캐스트, 스크린캐스트, PDF 등의 서비스를 제공해야 한다. 작업에 들어가기 전, 원하는 기술들을 모두 활용하여 만든 홈페이지 실물을 보여달라고 요청하는 것이 좋다.

■ 선택한 업체가 인터넷의 유용성과 관련된 원칙을 이해하고 있는지와, 홈페이지를 구축한 후에 원래 계획대로 작동하는지를 점검해주는지 확인하라.

■ 홈페이지를 열었을 때 자동으로 소리가 흘러나오게 할 것을 제안하는 업체는 피하는 것이 좋다. 그런 업체는 구직의 기본 에티켓을 전혀 이해하지 못하고 있다고 볼 수 있다.

■ 기술을 위한 기술은 아무런 도움이 되지 않는다는 사실을 기억해야 한다. 홈페이지에 사람 얼굴이 등장해 사이트에 대해 과장된 홍보를 하거나 자신에 대해 지나치게 떠벌리는 광경을 보고 싶어하는 사람은 아무도 없다.

■ 검색을 했을 때 좀더 눈에 띌 수 있게 검색엔진 최적화 서비스를 제공해주는지 물어보자.

○ 인터넷 인맥 관리 사이트를 활용하라

이유가 무엇이든 웹 포트폴리오나 블로그를 원치도 않고, 만들 수도 없다면 인터넷 인맥 관리 사이트에 자신의 프로필을 올리고, 다른 사람들과 관계를 맺고, 원하는 사람이나 기회를 찾도록 하자. 어떤 사이트를 이용하는가에 따라 그 사이트에서 제공하는 템플릿을 바탕으로 홈페이지나 미니홈피를 만들 수 있다.

개인 홈페이지가 있다면 온라인 인맥 관리 사이트를 통해 링크를 걸어두는 것도 좋다. 홈페이지에서 인맥 관리 사이트에 올려놓은 프로필을 활용하면 온라인 정체성을 개선시키는 데 한층 도움이 된다. 적어도 두세 달에 한 번씩 프로필을 확인하고 추가할 내용이 있으면 반영하는 것이 좋다. 하지만 온라인 인맥 관리 사이트가 실제 인맥 관리를 대체할 수 있을 거라는 기대는 하지 않는 것이 좋다. 온라인 인맥 관리 사이트는 전통적인 인맥 관리 방법을 보강하는 수단일 뿐이다. 온라인 인맥 관리 사이트를 가장 효과적으로 활용하는 방법은 기존의 인맥을 그곳에 불러모으는 것이다. 상대에 대해 좀더 잘 알 수 있는 만큼 접근이 용이해지기 때문이다.

◎ 온라인에서 브랜드를 확장하라

홈페이지나 블로그를 개발하고 온라인 인맥 관리 사이트에 프로필을 올려두는 것 외에도 인터넷을 통해 자신의 존재를 부각시킬 수 있는 방법은 다양하다. 온라인에서 두각을 나타내고 싶다면 무엇보다 자신의 브랜드를 일관성 있게 나타내는 콘텐츠가 온라인상에 많이 있어야 한다. 콘텐츠를 만드는 데 도움이 되는 방법을 몇 가지 소개하고자 한다.

■ 포스팅: 아마존닷컴, 반즈앤노블닷컴을 비롯한 온라인 서점을 방문하여 자신의 전문 분야와 관련이 있는 책의 서평을 작성하고 자신의 홈페이지나 블로그로 이어지는 링크를 걸어두자. 하지만 핵물리학 분야의 전문가가 요리책에 서평을 남겨두는 것은 브랜드 이미지를 손상시킬 뿐이라는 사실을 기억해야 한다.

■ 참여: 야후 그룹스나 구글 그룹스처럼 같은 직업을 가진 사람들끼리 모여서 형성한 온라인 포럼이나 정보 교환 모임에 가입하자. 전문성을 서로 교환하다 보면 온라인에서 자신의 존재를 부각시킬 수 있다. 이와 더불어 같은 관심사를 갖고 있는 다른 사람들과 브랜드 커뮤니티를 구축할 수도 있다.

■ 적극적인 활동: 자신의 퍼스널 브랜드와 관련이 있는 다

른 블로그에 메시지를 남기는 것도 좋다. 다른 사람의 홈페이지나 블로그에 이름이 거론되는 것도 좋다. 비슷한 일을 하는 다른 사람들의 홈페이지나 블로그에 링크가 걸려 있으면 검색 순위도 높아지고 온라인에서 존재를 부각시키는 데도 유리하다.

○ 지금 당장 시작하라

인터넷 포트폴리오나 경력 관리를 위한 블로그가 아직도 일반화되지 않은 것이 신기할 뿐이다. 사람들은 비행 시간을 확인하고, 식료품을 주문하고, 돈을 관리하기 위해 인터넷을 이용한다. 그렇다면 자신의 경력을 위해서 인터넷을 사용하지 못할 이유가 없다. 당신이 일하고 있는 직종이 무엇이든, 블로그나 홈페이지를 운영하면 취업과 승진, 사업에 많은 도움이 될 것이다.

하지만 이제 이 두 가지를 완전히 습득하고 다른 방법을 알아볼 때이다. 홈페이지를 통해 자신의 업적을 알리려는 사람이 많아질수록 이러한 방법으로 실효성을 얻기는 더더욱 어려워지기 때문이다. 따라서 지금부터 새로운 방법을 찾아보면 다른 사람들이 눈독을 들이기 전에 좋은 일자리를 얻을 수 있을 뿐만 아니라, 다음 경우에서 보는 것처럼 동료들과 좋은 관계를 형성하는 데도 도움이 된다.

미래에는 고용주가 구인공고를 내는 대신,
원하는 인재를 직접 찾아나설 것이다.

—《패스트 컴퍼니》, 2006년 3월호

신디 엥 어린이책 전문 출판사 중역

한 지인이 웹 포트폴리오를 보고 추천한 덕에 신디 엥은 스칼라틱 출판사
의 수석 편집자로 채용되었다. 하지만 그녀의 새로운 직장 동료들은 새로
운 사람과 함께 일을 해야 한다는 사실에 걱정스러워했다. 스칼라틱 출판
사가 신디를 채용하기 직전에 구조조정을 단행한 탓에 직원들은 변화를
두려워하고 있었다. 결국 신디에 대해 좀더 자세히 알아볼 생각으로 직원
들은 신디 엥의 이름을 검색했다. 그 결과 신디의 웹 포트폴리오를 찾게
되었고, 이를 본 직원들은 그녀가 유능하며 새로운 일을 잘 해낼 거라는
확신을 갖게 되었다. 신디는 이렇게 이야기했다. "새로운 상사가 자신의
업무에 대해 잘 알고 있다는 사실이 직원들의 마음을 여는 데 도움이 된
것 같습니다."

온라인 정체성을 위해 해야 할 것과 하지 말아야 할 것

■ **태도를 분명히 하라.** 강력한 브랜드에는 열정과 확신이 담
  겨 있다. 특색 없는 사이트를 만들어내면 목표 청중 중 그
  누구도 관심을 갖지 않는다. 목표는 남들과 뒤섞이는 것
  이 아니라 스스로를 차별화시키는 것이다. 그러나 지나친

논란을 야기하는 것도 삼가야 한다. 모든 사람들이 떠나게 만들어선 안 된다.

- **문제가 될 수 있는 행동은 삼가라.** 문제가 될 소지가 있는 내용을 담고 있는 사이트를 방문하거나 메시지를 남기는 것은 삼가는 것이 좋다. 인터넷 사이트를 휘젓고 다니는 것은 그야말로 가상의 지문을 곳곳에 남기는 것이나 다름없다. 자신에게 해가 될 수 있는 온라인 정체성은 만들지 않는 것이 좋다.

- **양보다는 질을 택하라.** 홈페이지에 투자할 시간과 돈이 많지 않다면 괜찮은 사진과 뛰어난 문구를 넣고, 손쉽게 이용할 수 있는 한두 페이지 정도의 홈페이지면 충분하다.

- **링크를 활용하라.** 홈페이지 이외의 곳에 남긴 포스팅, 칼럼, 코멘트, 서평 등 모든 기록이 본인의 홈페이지로 연결되게 하는 것이 좋다. 그리고 그 글을 읽는 사람들에게 좀 더 적극적인 행동을 취할 것을 당부하는 것이 좋다. 이를테면 "회계 윤리에 관한 이 글이 마음에 드신다면 제가 매달 발행하는 뉴스레터를 받아보시거나 관계자들이 모여 주기적으로 재무분야의 윤리적 이유에 관해 토론을 하는 온라인 포럼에 가입해보시기 바랍니다"라고 적어두면 도움이 될 것이다.

- **홈페이지 내용을 꾸준히 늘려나가야 한다.** 홈페이지에 올려둘 콘텐츠를 만들어내야 한다는 생각에 마음이 무거워

진다면 좀더 쉽게 생각해보자. 두 달에 한 번씩 온라인 칼럼을 기고한다면 연말이면 모두 여섯 개의 칼럼이 생긴다. 이 정도면 괜찮은 편이다. 어떤 글을 쓰든 글의 질을 생각해야 한다. 방문객들이 구글을 검색한 결과 특정인의 브랜드를 잘 드러내는 우수한 글을 읽게 된다면, 그 사람에 대해 좀더 자세히 알고 싶어질 것이다.

- **일관성이 있어야 한다.** 제대로 된 명성을 쌓고 싶다면, 너무 많은 분야에 연관되어 있는 것보다 특정한 몇 가지 일로 유명해지는 것이 좋다. 따라서 자신의 진정한 모습은 무엇이며, 자신에게 관심을 가질 만한 사람들이 필요로 하는 것이 무엇인지 생각한 다음 온라인 정체성을 만들어 나가는 것이 좋다. 모든 사람에게 모든 것을 제공할 필요는 없다. 자신이 집중해야 할 분야를 정해 명료하고 일관성 있게 행동하면, 그리 어렵지 않게 목표 청중들에게 주목받을 수 있을 것이다.

- **입을 조심하라.** 블로그에 글을 올릴 때는 내용에 신경을 써야 한다. 지금 다니고 있는 회사를 비방하거나 사내 정보와 관련된 내용을 블로그에 올릴 경우 해고를 당할 수도 있다.

- **전문가의 도움을 요청하라.** 괜찮은 홈페이지나 블로그를 만들 능력이 없다면, 전문가를 활용하는 것이 효과적이다. 홈페이지나 블로그에 대한 투자는 경력을 쌓기 위한

투자의 일종이다. 명성을 쌓는 일에 인색하게 굴 필요는
없다.

- **강점을 보여주어라.** 창의성, 목표 청중에 대한 이해, 커뮤
  니케이션 능력 등 다른 수단을 활용하여 온라인에서 전문
  가로서의 모습을 보여주자.
- **증명사진을 올려두어라.** 자신의 브랜드를 잘 표현할 수 있
  는 사진을 찍자. 이때 사진 촬영은 전문가에게 맡기는 것
  이 좋다. 잘 찍은 증명사진은 자신의 브랜드에 관한 많은
  것을 대변해준다.

검색의 시대가 도래하면서 이력서가 경력 관리의 유일한 도
구로 활용되던 세상은 이미 지나갔다. 퍼스널 브랜드가 잘 드
러나는 온라인 정체성을 만들기 위해 쏟는 에너지와 관심은
자신을 경쟁자들과 차별화시키는 데 도움이 된다. 8, 9장에서
설명한 내용과 더불어, 두 번째 단계인 표현 단계의 중요한 요
소가 바로 온라인 브랜드를 구축하는 것이다. 이제 세 번째 단
계인 발산 단계로 넘어가 브랜드 환경을 잘 관리할 수 있는 방
법을 살펴보자.

STEP 3

발산

브랜드 환경을 관리하라

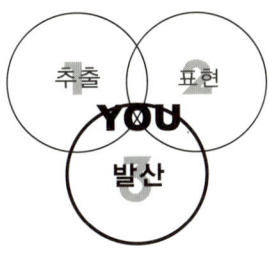

발산 EXUDE

어떤 일을 하든 퍼스널 브랜드가 드러나게 하라

당신의 정체성이 시각적으로 드러나게 하라

커리어 카르마를 높여라

지금까지 당신의 브랜드가 무엇인지 살펴보고, 당신의 가치를 알아야 할 모든 사람들에게 브랜드 메시지를 전달하기 위한 계획을 세웠다. 이제 발산 단계에서는 자신의 브랜드를 둘러싼 모든 것들에서 일관성 있는 메시지가 흘러나오게 하는 것이 중요하다. 당신에 관한 모든 것, 또는 당신을 둘러싼 모든 것이 일관된 메시지를 보내면, 당신에 관한 의사결정을 내리는 사람들의 마음속에 당신의 모습을 각인시킬 수 있다. 발산 단계에서는 자신을 '포장'하는 법에 대해 배워볼 것이다. 하지만 이 책 전반에 걸쳐 설명하고 있는 것처럼 포장을 할 때도 남과 똑같아 보여선 안 된다. 발산 단계에서는 무엇을 하는가보다 '어떻게' 하는가를 집중적으로 살펴볼 것이다.

어떤 일을 하든
퍼스널 브랜드가 드러나게 하라

이번 장에서 우리는 다음의 내용을 살펴볼 것이다.
● 브랜드 환경의 모든 구성 요소를 파악하는 방법
● 자신만의 스타일을 만들어가는 방법
● 자신만의 독특한 가치 약속과 일치하는
  브랜드 환경을 조성하기 위한 계획을 세우는 방법

8장부터 11장에 이르기까지 '1-2-3 성공!' 과정의 두 번째 단계인 표현 단계를 살펴보았다. 표현 단계에서는 브랜드를 목표 청중에게 알리는 방법을 집중적으로 알아보았다. 이번 장에서는 자신이 하는 행동, 자신을 둘러싼 물건, 함께 일하는 사람들을 모두 포함한 '브랜드 환경'을 관리하는 법을 배워보기로 하자. 브랜드 환경은 외모(목소리, 보디랭귀지, 옷, 액세서리), 사무실, 비즈니스 도구(PDA, 서류 가방), 브랜드 정체성 시스템(색깔, 글자 크기, 일관성 있게 사용하는 이미지), 같은 업종에 종사하는 전문가들이 모여 구축한 네트워크 등으로 이루어져 있다. 이 모든 것들이 우리가 누구인지를 보여주며, 우리의 퍼스널 브랜드에 관한 메시지를 전달한다.

브랜드 환경을 관리한다는 것은 곧 브랜드 환경에 속하는 요인들을 브랜드 메시지, 즉 자신만의 독특한 가치 약속을 강화하는 방식으로 정렬한다는 뜻이다. 강력한 브랜드를 소유한 사람은 자신이 사용하는 기술, 입는 옷, 말하는 방식, 회의 장소 등 행동 하나하나, 자신을 둘러싼 모든 물건이 브랜드 메시지를 정확하게 전달할 수 있게끔 신경을 쓴다.

기업들도 브랜드 환경을 관리한다. 애플 사의 경우를 생각해보자. "다르게 생각하라"는 슬로건을 걸고 있는 애플은 조직 전체가 그 슬로건을 대변하고 있는 듯하다. 애플은 제품뿐 아니라 포장이나 판매 영업점에도 슬로건에서 드러나는 정신을 그대로 반영하고 있다. 애플 매장을 방문해본 적이 있다면 매장에 들어서는 순간 여느 전자제품 매장이나 컴퓨터 매장과는 많은 차이가 있다는 사실을 발견했을 것이다. 매장의 깔끔한 분위기와 열린 매장 구조에서부터 언제든 고객의 질문에 답을 해주기 위해 전문가가 대기하고 있는 카운터까지, 매장 내의 모든 요소가 애플의 대표 메시지 "다르게 생각하라"를 잘 보여준다. 캘리포니아 쿠퍼티노에 있는 애플 본사도 여느 회사와는 차원이 다르다. 카페테리아에 있는 스무디 바, 원목 바닥, 애견의 사무실 출입을 허락하는 정책 등 이 모든 것이 직원들이 "다르게 생각"하는 데 도움이 되며 회사의 브랜드 약속을 효과적으로 전달하고 있다.

당신을 둘러싼 주위의 것들이 당신이 누구인지를 보여준다

브랜드 환경은 편안하게 받아들여지면서도 목표 청중의 관심을 끌 만한 것이어야 한다. 이를테면 자신의 브랜드가 다른 사람들에게 '스타일과 현대적인 디자인'이라는 의미로 각인되게 하고 싶다면 새로운 고객을 만날 때 기존의 호텔보다는 W 호텔 로비를 택하는 것이 좋고, 일반 정장보다는 좀더 세련된 옷을 입는 것이 좋다. 이것이 바로 브랜드 환경이 브랜드와 일치하게 조정하는 것이다.

> 사람은 자신을 둘러싼 환경의 산물이다. 따라서 자신의 목표를 향해 나아가는 데 가장 도움이 되는 환경을 택하는 것이 중요하다. 환경을 기준으로 자신의 삶을 평가해보자. 자신을 둘러싼 것들이 성공을 향해 나아가는 데 도움이 되는가, 그렇지 않으면 오히려 방해가 되는가?
> —W. 클레멘트 스톤, 사업가 겸 긍정적인 마음가짐 옹호론자

브랜드 환경은 당사자가 그 자리에 없을 때에도 그 사람의 브랜드가 무엇인지를 보여준다. 예컨대 사무실을 잠깐 비운 사이 다른 누군가가 사무실을 방문했다면, 그 사람들은 눈앞에 보이는 것들로 그 사무실의 주인을 평가하게 된다. '내 브

랜드 환경이 내가 목표를 향해 나아가는 데 얼마나 도움이 되는가, 또는 목표를 달성하는 데 얼마나 방해가 되는가?'라는 질문을 스스로에게 던져볼 필요가 있다. 물론 브랜드 환경을 관리한다는 것이 환경에 속해 있는 모든 요소가 완벽한 수준의 일관성을 나타내야 한다는 뜻은 아니다. 경우에 따라서는 전략적으로 모순되는 행동들을 할 때도 있다. 윌리엄의 담당 회계사인 존(가명)은 회계 실력이 뛰어나기로 정평이 나 있다. 하지만 존의 업무 스타일은 많은 사람들이 회계사에게 기대하는 정돈되고, 작은 부분까지 신경 쓰고, 보수적인 이미지와는 거리가 멀다. 윌리엄은 존의 사무실을 처음 방문한 날 충격을 받았다. 거대한 파일더미가 책상 위에 위태롭게 놓여 있었고 바닥에는 종이가 흩어져 있었으며 심지어 커피 자국이 묻어 있는 서류도 있었다. 존은 이처럼 편안하고 격의 없는 환경 속에서 일이 잘 된다고 얘기하면서도 고객에게 신뢰를 얻는 것이 중요하다는 사실을 잘 알고 있다. 존은 지식, 자신감, 한 치의 오차도 없는 업무 진행을 퍼스널 브랜드로 내세우고 있다. 바로 그 브랜드가 존에게 지금의 성공을 안겨준 것이기도 하다. 그래서 존은 사무실 대신 근처에 있는 우아한 커피숍에서 고객을 만난다. 이런 방식으로, 존은 자칫 부정적인 이미지를 낳을 수 있는 브랜드 특성을 효과적으로 관리하고 고객과 상호교류를 할 때는 언제나 브랜드의 특성이 묻어날 수 있게 신경을 썼다.

TIP 앞으로 2주 동안, 자신이 하는 모든 일, 사용하는 모든 도구, 자신이 입는 모든 옷 등 자신을 둘러싼 모든 물건과 일상 속에서 자신이 하는 행동을 관찰해보자. 그런 다음, 그 물건이나 행동이 자신의 모습을 잘 보여주는지 자문해보자. 만일 자신을 둘러싼 물건이나 행동이 원치 않는 이미지를 초래한다면 어떻게 브랜드 환경을 구성하는 일부 요소를 바꿀 수 있을까?

○ 브랜드 환경의 구성 요소를 이해하라

앞서 설명한 것처럼, 브랜드 환경은 다음과 같은 네 가지의 구성 요소로 이루어져 있다.

- 외모
- 사무실 및 업무상 사용하는 도구
- 브랜드 정체성 시스템
- 인맥

이 모든 요인들이 일관성을 갖게 하면 퍼스널 브랜드를 알리는 화음을 만들어낼 수 있다. 그 화음은 고용 담당자, 고객, 동료 등 목표 청중에 포함된 모든 사람들의 귀에 훌륭한 음악을 들려준다. 이 요소들을 일관성 있게 정렬하는 과정을 무시하면 원하는 경력을 쌓아가는 데 도움이 되는 주변 사람들에게 엇갈리는 메시지를 전달하게 된다. 먼저 브랜드 환경의 네 가지 구성 요소 중 외모, 사무실 및 업무상 사용하는 도구 등에 대해 살펴보자. 13장에서는 브랜드 정체성 시스템에 대해 살펴보고, 14장에서는 인맥에 관해 살펴볼 예정이다.

◎ 첫인상은 영원히 남는다

당신이 누군가를 처음 만날 때 그 사람은 당신에 대한 인상을 갖게 된다. 그런데 한번 형성된 인상을 뒤집으려면 18번을 더 만나야 한다는 연구 결과도 있다. 누가 뭐라 해도 첫 번째 만남에서 좋은 인상을 남기는 것이 중요하다. 자신이 전달하고자 하는 독특한 가치 약속과 외모를 일치시키면 첫 만남에서 강렬한 브랜드 메시지를 전달할 수 있다. 창의적이고, 재치 있고, 역동적인 성향을 갖고 있다면 외모에서도 그런 특징이 드러나야 한다. 이를테면 화려한 색감의 옷을 입는다거나 항상 자신의 특징을 보여주는 특별한 액세서리를 착용하는 것도 도움이 된다. 마찬가지로 보수적이고, 까다롭고, 규칙적인 성향을 갖고 있다면 옷과 보디랭귀지를 통해 이런 특성을 전달할 필요가 있다. 옷, 몸동작, 자세, 작은 움직임 하나하나가 자신이 어떤 사람인지를 보여준다는 사실을 기억해야 한다.

항상 외모가 퍼스널 브랜드와 일치하는지 신경을 써야 할 뿐 아니라, 외모가 목표 청중과 맞아떨어지는지도 생각해야 한다. 인재 관리 및 취업 알선 업체인 라이트 매니지먼트의 부사장은 최고경영자가 되기 위해 면접을 보러 다니는 한 중역의 사례를 들려주었다. 그는 충분한 자격 요건을 갖고 있었지만 입는 옷이라곤 모조리 몇 년 동안 세탁을 한 번도 하지 않은 것처럼 보이는 것들뿐이었다고 한다. 그는 능력도 뛰어나고, 아이비리그 출신이었으며, 회사를 성공적으로 키운 경험도 있었다. 하지만 면접을 본 이사들은 닳아서 너덜너덜해진 옷 때문에 그 중역에게 별다른 관심을 보이지 않았다. 화려한 이력 덕에 일단 면접을 보는 데는 성공했지만 두 번째 심층면접 단계까지 가는 경우는 거의 없었다. 안타깝게도 그 중역은 '적합한 외모를 갖는 것만큼 성공에 도움이 되는 것은 없다'라는 소중한 교훈을 잊어버린 것 같다.

> **Tip** 옷에 들이는 비용은 마케팅 비용이라고 생각해야 한다. 기업에서는 잠재적인 고객의 마음을 사로잡기 위해 전문가에게 의뢰해 수천 달러짜리 마케팅 홍보물을 만든다. 마찬가지로 퍼스널 브랜드를 구축하려면 옷이나 액세서리에 투자를 해야 한다.

자신의 외모를 평가할 때는, 트레이드마크를 어떻게 활용하고 있는지를 생각해보자. 트레이드마크가 있으면 기억에 남는 존재가 될 수 있다. 엘튼 존은 수천 개가 넘는 선글라스를 갖고 있고, 스티브 잡스는 항상 청바지에 검은색 티셔츠를 입는다. 그렇다고 해서 트레이드마크를 새로 만들 필요는 없다. 이미 갖고 있는 트레이드마크를 내보이면 된다. 이를테면 리치의 전략 과정을 수강한 수 브레텔은 기억에 남는 존재가 되기위해 자신이 좋아하는 자주색을 애용한다. 색상 전문가들은 자주색이 창의력과 신비로움을 대표한다고 한다. 이 두 가지는 수의 퍼스널 브랜드를 대표하는 특징이다. 그녀는 어떤 옷을 입고 어떤 액세서리를 하든, 그 중 한 가지 이상은 자주색으로 선택한다. 그녀가 선택한 자주색 소품이 블라우스일 때도 있고, 스카프일 때도 있고 브로치일 때도 있다. 또한 그녀는 자주색 폴더와 자주색 서류가방을 들고 다닌다. 그 덕에 사람들은 자주색을 보면 그녀를 떠올린다.

반드시 옷이나 액세서리, 색깔을 트레이드마크로 선택할 필요는 없다. 자주 사용하는 문구나 걷는 방식 등이 트레이드마크가 될 수도 있다. 윌리엄이 함께 일을 한 적이 있는 한 여성은 다른 누군가가 만들어낸 말을 자신의 방식대로 활용하곤했다. 예를 들자면 "이 그물망의 반대편에서 (경쟁업체에서) 찾아볼 수 없는 이 제품만의 특징은 무엇인가요?"라거나 "잠깐동안 지금의 상황을 우주선에서 내려다본다고 (고위 중역의 입장에서) 생각해봅시다" 등의 표현을 들 수 있다. 또한 그녀는 회의나 프레젠테이션을 할 때 나름대로의 독특한 문장을 사용한다. 그 회사의 다른 직원들도 그녀를 따라 독특한 말을 사용하기 시작했다. 다른 직원들이 그녀의 언어습관을 따라할 때마다 그녀의 브랜드는 더욱 널리 퍼져나가게 된다. 마치 마사 스튜어트가 했던 "그건 좋은 일이죠"라는 말이 마사의 브랜드를 널리 알리는 데 도움이 되었듯이.

> 스타일이란 당신이 누구인지,
> 당신이 이야기하고자 하는 바가 무엇인지를
> 이해하는 것이다.
>
> ―고어 바이달, 미국 소설가이자 수필가, 극작가

○ 사무실과 업무 도구가 주인의 브랜드를 보여준다

텍사스 대학의 심리학자 사무엘 고슬링이 진행한 연구 결과에 따르면, 사람들은 다른 사람의 사무실을 보는 것만으로도 그 사람의 성격을 놀랄 만큼 정확하게 집어낼 수 있다는 사실이 밝혀졌다.[1] 사무실, 책상, 업무상 사용하는 도구는 모두 브랜드 특성을 강화시키는 훌륭한 기회가 된다.

윌리엄은 매사추세츠 주 케임브리지에 위치한 로터스 사의 새 사무실에 도착했을 때, 사무실에 있는 모든 집기들이 자신의 브랜드를 전혀 드러내주지 못한다는 사실을 깨달았다. 그 사무실에는 L 모양으로 생긴 책상이 두 개 놓여 있었고, 창밖으로는 찰스 강과 보스턴의 스카이라인이 보였다. 하지만 경관이 아무리 좋다 한들 그 공간은 그의 브랜드와 전혀 일치하지 않았다. 그는 사무실에서 회의를 할 수가 없었다. 하지만 그의 중요한 브랜드 특성 중 하나가 '협동'인 만큼 혼자 일을 하는 경우가 거의 없었다.

새로운 일을 시작한 지 얼마 되지 않은 어느 날 밤, 그는 사무실에서 책상 하나를 치워버리고 원탁을 들여다놓은 다음 원탁 주위에 의자 네 개를 놓았다. 그런 다음, 원탁 위에 먹음직스러운 사과를 담은 커다란 바구니를 올려두었다. (윌리엄은 건강에도 많은 관심을 갖고 있다. 『헬스클럽에 가지 않고 건강을 유지하는 비결』이라는 저서도 집필했다.) 딱딱해 보이는 책상을 원탁으로 바꾸자 사무실의 효율성이 높아졌으며 그는 팀워크에 대한 자신의 믿음을 잘 전달할 수 있었다. '협동'을 슬로건으로 내걸고 있는 회사에 잘 어울리는 메시지가 아닐 수 없다.

> **TIP** 가구, 카펫, 사무 집기, 조명에 이르기까지 사무실에 있는 모든 물건들을 살펴보자. 어떤 것을 바꾸면 좀더 효과적으로 브랜드를 전달할 수 있을까?

사무실에 변화를 주어 퍼스널 브랜드를 효과적으로 전달한

다른 한 사례를 살펴보자.

수전 사업 개발 담당 이사

수전은 자신을 둘러싼 환경이 동료들이나 관리자들에게 어떤 인상을 남기는지를 직접 경험했다. 그녀의 목표는 유럽 지역 영업을 담당하는 것이었다. 그녀는 이미 유럽에서 일하고 있는 사람들과 경쟁해야 한다는 사실을 알고 있었다. 하지만 그녀에게는 넘어야 할 벽이 있었으니, 그 누구도 수전을 생각하며 '글로벌'의 이미지를 떠올리는 사람이 없다는 것이었다. 리치 사의 개인 브랜드 평가를 실시했을 때 그녀가 '글로벌'한 업무에 잘 어울린다고 답한 사람은 그녀 자신뿐이었다. 하지만 그녀는 해외 활동 경험이 많았다. 여러 해 동안 영국과 프랑스에 살았을 뿐 아니라 해외 여행도 자주 했고, 3개국어를 구사할 줄 알며, 외국 문화에 관한 글도 많이 읽었다. 잘 드러나진 않았지만 그녀는 그야말로 '글로벌' 시대에 걸맞은 인재였다.

이에 그녀는 사람들이 자신을 글로벌한 인재로 봐주길 바라는 마음에 사무실 분위기를 바꾸었다. 외국 언론에 실린 자사의 지면 광고를 사무실 벽에 붙여두는가 하면, 저렴한 시계를 네 개 구입해서 뉴욕, 런던, 파리, 홍콩이라고 각각 라벨을 붙인 다음 벽에 걸어두었다. 그 동안 구독했던 이탈리아 신문을 집이 아닌 사무실에서 받아 보았으며 사내 인트라넷에 자신이 좋아하는 유럽 각지의 레스토랑이나 호텔에 관한 정보를 올려두었다. 머지않아 사람들은 그녀를 글로벌 시대에 적합한 인재로 생각하기 시작했고, 그녀는 자신의 목표에 한 걸음 가까이 다가가게 되었다.

사무실에 있는 집기들만이 이미지에 영향을 주는 건 아니다. 통신기기 등 모든 도구가 메시지를 전달한다. 어떤 전화를 들고 다니는가? 어떤 통화 연결음을 사용하는가? 종이 달력과 디지털 달력 중 어떤 것을 사용하는가? 어떤 화면보호기를 사용하는가? 자신이 선택한 기술이 어떤 브랜드 특성을 표현하는지 생각해보고, 이 기기들의 영향력을 과소평가하지 않도록 하자.

커스틴은 커리어 마스터스 인스티튜트(지금의 커리어 매니지먼트 얼라이언스)에서 근무할 때 PDA를 업무용으로 사용하고 있었다. 당시만 하더라도 PDA나 노트북이 널리 보급되어 있지 않았다. 한번은 그녀가 컨퍼런스를 준비하던 중, 주최 측에서 연사들을 위해 일반적인 프로젝터를 제공한다는 사실을 알게 되었다. 그녀는 자비를 들여서 LCD 프로젝터를 구입하지 않으면 경력 관리 기술에 관한 프레젠테이션을 제대로 전달할 수 없을 거라는 생각이 들었다. 만일 주최 측에서 제공하는 프로젝터를 그대로 사용한다면, 청중이 커스틴의 기술적인 전문성에 의문을 제기할 듯했다. 그녀는 슬라이드와 애니메이션을 쉽게 조종하기 위해 리모콘을 사용했다(물론, 주최 측에서 노트북과 프로젝터를 공급해주었지만 커스틴은 직접 장비를 준비했다). 직접 들고 간 리모콘을 이용해 강연을 한 덕에 커스틴은 최신 기기에 익숙한 노련한 전문가라는 이미지를 심어줄 수 있었다.

브라이언 홍보업체 부사장

브라이언은 자신이 하는 모든 일을 브랜드와 연결짓는다. 홍보 분야에서 오랫동안 일을 해온 덕에 그는 글을 쓰는 데는 그야말로 도사였다. 그는 자신의 능력을 바탕으로 다른 홍보 담당자들과 스스로를 차별화시켰다. 그는 팀원, 동료, 사업 파트너에게 보내는 감사의 글을 작성할 때는 오래된 타이프라이터를 사용했다. 주로 이메일을 이용하는 사람들에게 타이프라이터로 작성한 글은 사뭇 낯설게 느껴질 수도 있다. 하지만 그는 타이프라이터로 글을 쓰면 글에 대한 자신의 열정을 담을 수 있고, '다른 사람에 대한 배려', '감사', '창의력' 등의 브랜드 특성을 알릴 수 있다고 생각한다. 타이프라이터라는 작은 소품 하나만으로 그는 다른 홍보 담당자들과 자신을 차별화시킬 수 있었던 것이다.

이제 브랜드 메시지를 강화하기 위해 사무실이나 비즈니스 도구뿐 아니라 외모를 활용하는 방법에도 익숙해졌을 테니 브랜드 환경의 또 다른 중요한 요소인 시각을 바탕으로 한 브랜드 정체성 시스템을 살펴보자. 다음 장에서 이 내용에 대해 좀 더 구체적으로 살펴볼 계획이다.

13

당신의 정체성이
시각적으로 드러나게 하라

이번 장에서 우리는 다음의 내용을 살펴볼 것이다.
- 브랜드 정체성 시스템의 이점
- 브랜드 정체성 시스템의 구성 요소
- 브랜드 정체성 사용 방법 및 사용 시기

3단계에서 중요하게 생각해야 할 부분 중 하나가 바로 고객의 특성에 맞춘 브랜드 정체성 시스템을 개발하고 활용하는 것이다. 브랜드 정체성 시스템을 자신의 브랜드를 알리는 시각적인 언어라고 생각하자. 모든 인쇄 서류와 온라인 경력 마케팅 도구에 자신의 브랜드를 잘 드러내 보이는 글씨체, 삽화, 로고, 슬로건 등을 삽입하면 브랜드 정체성 시스템을 구축하는 데 도움이 된다. 자신만의 독특한 가치 약속에 관한 메시지를 지속적으로 전달하고 싶다면 편지지, 홈페이지 등 자신과 관련된 모든 것에 브랜드 정체성 시스템을 적용해야 한다. 사실 이런 부분에까지 신경을 쓰는 사람은 많지 않기 때문에, 이런 노력은 목표 청중의 관심을 사로잡는 데 있어 놀라운 효과를 발휘한다.

당신이 회사에서 월급을 받고 일한다면 회사의 정체성과 관련된 지침을 따라야 한다. 하지만 어떤 사람의 정체성이 현재 하고 있는 일에 의해 규정되는 것은 아니다. 따라서 인맥 형성, 봉사활동, 동종업계에 종사하는 사람들간의 모임, 칼럼 작성, 홈페이지 운영 등과 같은 각종 활동에 사용할 별도의 브랜드 정체성 시스템을 만들어두는 것이 좋다. 브랜드 정체성 시스템을 구축해두면 자신의 브랜드를 시각적으로 표현하여 브랜드 특성을 전달할 수 있으며, 좀더 기억할 만한 존재가 될 수 있다.

⭕ 자신의 정체성 시스템을 개발하라

자신의 특별한 자질을 브랜드가 잘 묻어난 디자인으로 승화시켜 목표 청중에게 보여주려면 전문 디자이너의 도움을 받는 것도 좋다. 그래픽 디자이너에게 맡길 생각이라면 다음와 같이 디자인에 관한 간략한 사항들을 적어서 보여주는 것이 좋다.

프로젝트 명 | 다운 리틀을 위한 웹 포트폴리오

경력 | 포춘에서 선정한 500대 기업 및 미국 재계 순위 4위에 들어가는 업체에서 20년 이상 근무해온 다운은 단순히 숫자에 집착하기보다 수익성이 높은 전략을 만들어내고, 결손을

내는 기업에 흑자를 안겨주고, 시스템의 변화를 일구어냈다. 그녀는 생산성과 수익에 중심을 두는 동시에 새롭고 전략적인 리더십을 갖춘 인재를 원하는 미래지향적인 업체의 중역 자리를 염두에 두고 있다.

목표 | 인쇄 및 방송 매체 또는 경영컨설팅 업체의 의사결정 권자로 정의되는 다운의 목표 청중의 마음을 사로잡는 데 도움이 되고 '전반적인 비즈니스 전략가'라는 그녀의 브랜드를 잘 알릴 수 있는 웹사이트를 구축하고, 그녀가 여느 회계사와는 다르다는 점을 부각시키는 것.

범위 | 웹사이트 메인 페이지와 서브 페이지 디자인.

활용 | 이 웹사이트는 다운 리틀의 온라인 정체성을 구축하고 그녀만의 특별한 가치에 대한 정보를 제공하기 위해 사용될 것이다. 그녀의 업적에 대한 신뢰를 증진시키는 데 도움이 될 수 있도록 그 동안 그녀가 이루어낸 성과를 보여줄 것이다.

형태 | 웹사이트 네비게이션은 페이지 상단에 놓이도록 하고, 다음의 타이틀로 구성한다.

- 소개
- 다운은 누구인가
- 특이 경력 사항
- 주요 경력
- 자격증
- 연락처

모든 페이지에 공통적으로 들어가야 할 문구는

■ 다운 리틀

■ 비즈니스 전략가

그래픽 요소를 가미해 다음 문구를 홈페이지에 넣는 것도 좋다. '전형적인 회계사의 틀에서 벗어나 조직 전체에 이바지하는 핵심적인 비즈니스 전략가'

브랜드 특성 | 비전, 창의성, 실용성, 실행력, 분석, 열정, 윤리, 인류애, 끈기, 의사소통, 유연성, 경험, 표준, 평정, 지혜, 신뢰.

이 모든 특성들을 디자인에 반영할 수는 없다. 유연성, 창의성, 실행력, 열정 등에 중점을 두자. (그렇다면 어떤 색깔을 사용해야 할까?)

스타일 | 다운은 다채로운 색상을 활용하는 걸 좋아하며 그녀가 가장 선호하는 색상은 자주색이다(특히 푸른빛이 감도는 자주색). 특별히 선호하는 글씨체는 없으며 전문가의 조언을 잘 받아들이는 편이다.

이미지 | 다운은 전문가를 찾아가 자신을 소개하는 페이지에 실을 사진을 촬영했다. 전반적인 디자인에서 사진이 중요한 요소가 되기를 원치는 않으며 삽화보다는 사진을 선호한다.

이미 알려진 요소 | 정해진 브랜드 정체성 시스템이 없다.

시기 | 첫 번째 디자인 마감일은 2006년 10월 11일이다.

결과물을 보고 싶다면, www.dawnlittle.com을 방문해보라.

디자인 시안을 작성할 때는 생각하는 예산 수준과 경쟁자에 관한 정보(경쟁자의 홈페이지 주소 등)를 제공하는 것이 좋다. 자신이 원하는 특성을 담고 있는 홈페이지를 알려줄 수도 있다. 디자인 프로젝트를 진행해본 경험이 있다면 그 경험을 브랜드 정체성 시스템 개발에 적용하면 된다. 디자인 프로젝트 관리 경험이 없는 분들을 위해 차후에 디자인을 할 때 고려해야 할 중요한 요소에 대해 간략하게 살펴보고자 한다. 디자이너가 일을 진행하는 순서나 어떤 결과물을 제공해줄 수 있는지 미리 알아두고 싶을 것이다. 이를테면 로고 디자인을 통해서 홈페이지나 인쇄물의 디자인을 가늠할 수 있는 경우도 있다. 담당 디자이너에게 몇 개의 시안이 있으며, 몇 회에 걸쳐서 수정 작업을 할 수 있는지 확인하자.

> 이미지란 단순히 트레이드마크, 디자인, 슬로건, 쉽게 기억 되는 사진이 아니다. 이미지는 한 개인, 조직, 회사, 제품, 서비스의 특성을 세심하게 파악하여 만들어낸 결과물이다.
> —다니엘 J. 부어스틴, 미국 역사가이자 교수, 변호사, 작가

훌륭한 브랜드 정체성 디자인의 요소에 관해 좀더 자세히 살펴보자.

색깔

어떤 색깔이 퍼스널 브랜드에 어울릴지 그래픽 디자이너와 상의해보자. 색깔은 감정을 불러일으키고 강력한 브랜드 인상을 심어준다. UPS 배송기사가 입고 있는 갈색 유니폼과 어디서나 볼 수 있는 UPS의 갈색 트럭 및 UPS가 내세운 슬로건 "브라운(갈색)이 여러분을 위해서 무엇을 해드릴 수 있을까요?"를 떠올려보자. 색깔 전문가 재키 하워드 베어는 갈색이 흔들림 없는 의지, 간결함, 우정, 신뢰 등을 나타낸다고 한다. 이런 것들이야말로 물류회사에 가장 적합한 특성들이 아닌가. UPS는 갈색을 사용하여 이 색의 특성들을 브랜드와 연결시킨 것이다. 갈색은 차별화되는 색상이기도 하다. UPS만큼 갈색을 많이 사용하는 회사를 본 적이 있는가?

특정한 색깔을 꾸준히 사용하여 마치 그 사람, 또는 그 회사가 그 색깔을 소유한 듯한 느낌을 주는 경우도 있다. 주택 건설자재 유통업체 홈디포에서 사용하는 커다란 오렌지색 글자, 유방암에 관한 인식을 높이기 위한 캠페인에서 사용하는 핑크색, 행위예술가 프린스가 사용하는 자주색 등이 대표적인 경우다. 실제로 특유의 색깔을 갖고 있는 업체도 있다. 티파니사는 트레이드마크인 밝은 청록색을 브랜드 자산으로 등록했다. 푸른색 리본이 묶여 있는 조그만 상자를 보기만 해도 대부분의 사람들이 유명한 보석 회사인 티파니의 보석을 선물로 받았다는 걸 알아차린다.

색깔과 관련된 이름을 사용하는 회사나 제품도 있다. 유럽의 통신업체 오렌지, 젯블루, 그린 마운틴 커피 로스터, 적십자, 옐로우 페이지, 블루 크로스, 블루 쉴드 등이 대표적인 경우다. 색깔과 관련된 이름을 사용하는 업체는 브랜드 특성을 전달할 때나 고객에게 이름을 각인시킬 때 색깔의 영향력으로부터 많은 도움을 받는다. 자신을 대표할 색깔을 선택할 때에는 자신의 브랜드 특성을 살펴보고, 그 중에서 어떤 특성을 강조하고 싶은지 생각해보아야 한다.

> 홈페이지를 만들 때에는 어떤 색깔을 사용할지 결정하는 것이 중요하다. 음악이 영화의 분위기를 좌우하는 것과 마찬가지로 어떤 색깔 또는 어떤 색깔의 조합을 활용하면 해당 고객의 퍼스널 브랜드 특성을 강조하고 적절한 감정적 어조를 전달할 수 있지 않을까?
>
> ─브라이언 우, 브랜드에고 창업자이자 디자인 담당 이사

윌리엄이 소프트웨어 업체인 로터스에 근무할 당시 이 회사를 대표하는 색깔은 그냥 노란색이 아닌 로터스가 직접 만들어낸 로터스 옐로우였다. 이 독특한 색깔은 로터스에 무척 중요한 의미가 있었고, 로터스의 크리에이티브 디렉터 바투스(바투스는 그 이름만으로도 강력한 브랜드가 되는 존재였다)는 브로셔에서 커피잔에 이르기까지 로터스와 관련된 모든 것에 로터스

옐로우 색상이 적절하게 사용되는지 확인하기 위해 많은 노력을 기울였다. 로터스의 마케팅 부서는 내부적으로 브랜드를 표현하기 위해서도 로터스 옐로우를 사용했다. 전 부서의 직원들이 하루 일과에 노란색을 포함시킬 수 있는 방법을 연구했다. 이를테면 인사담당 부서는 로터스 브랜드 커뮤니티의 구성원들을 하나로 모으기 위해 로터스 옐로우를 사용하고, 신입사원 오리엔테이션 장소도 로터스 옐로우로 칠한 것이다.

색깔을 유용하게 활용할 수 있는 방법을 좀더 자세히 알아보고 싶다면 실천편에 있는 관련 과제를 완성해보기 바란다.

색깔	연상되는 특성	사용한 실례
노란색	밝음, 긍정적임, 따뜻함, 꿈, 미래 지향적	DHL, 로터스 소프트웨어, 헤르츠, 맥도날드
파란색	믿을 수 있다, 신뢰, 권위, 충성	IBM, 월마트, 노키아, 포드
붉은색	힘, 위험, 흥분, 공격성, 열망, 용기	코카콜라, 아도브, 타겟, HSBC
녹색	친환경, 신선함, 자연스러움, 차분함, 치유 효과	스타벅스, 바디샵, 브리티시 페트롤리움, 가니에 프룩티스
자주색	고급스러움, 신비, 귀족스러움, 부, 숭고함	페더럴 익스프레스, 소피텔 호텔, 영국 성공회
오렌지색	결단, 에너지, 활기, 힘, 생산성	휴고 보스, 오렌지, 홈디포

| 표 13-1 | **색깔이 갖는 의미**

글씨체

 개인적으로 선호하고 오랫동안 꾸준히 사용해온 글씨체가 있다면, 그 글씨체가 목표 청중에게 적합한지 그래픽 디자이너에게 조언을 구하는 것이 좋다. 디자이너가 각기 다른 글씨체의 특성과 그것들에 담겨 있는 뜻을 설명해줄 것이다.

 많은 사람들이 로고나 웹사이트 배너 등 브랜드 정체성 시스템의 요소를 돋보이게 하기 위해 창의적이고 눈에 띄는 글씨체를 사용한다. 그러므로 여러분도 서체의 느낌을 파악하고, 자신의 브랜드 정체성에 걸맞은 글씨체를 활용하도록 하자.

이미지

 전략적으로 일관되게 이미지를 사용하면 목표 청중이 마음속 깊은 곳에서부터 퍼스널 브랜드와 연결되어 있다고 느끼게 하는 데 도움이 된다. 예를 들어 리치가 퍼스널 브랜딩에 관한 회사라는 이미지를 강화시키기 위해 리치의 홈페이지에는 항상 사람들의 사진을 가득 실어놓는다. 어떤 사람에게 어떤 이미지를 전달할 계획인지에 따라 디자이너와 협의하에 사진이나 삽화를 컬러로 할 건지, 흑백으로 할 건지, 특수효과(세피아색으로 처리한 일러스트레이션이나 작은 입자나 화소 모양으로 처리한 사진 등)를 줄 건지를 결정하면 된다.

 퍼스널 브랜딩에 있어서는 자기 자신이 바로 브랜드다. 그러므로 홈페이지나 블로그 등에 자신의 사진을 삽입하는 것도 고려해볼 만하다. 주변에 사진을 잘 찍는 사람이 있다면, 자신의 개성과 관심사를 잘 드러낼 수 있게끔 다양한 브랜드 환경에서 사진을 촬영해달라고 부탁해보자. 아예 사진작가에게 의뢰를 해도 좋다. 브랜드 정체성 시스템에 사진을 넣고 싶지 않다면 넣지 않으면 된다. 우리와 함께 일을 하고 있는 한 여성 프리랜서 작가가 홈페이지를 만들려고 하는데 홈페이지 디자이너가 사진을 넣지 말 것을 권했다고 한다. 그 이유가 무엇일까? 디자이너는 그 작가의 외모가 글을 쓰는 일을 떠올리는 데

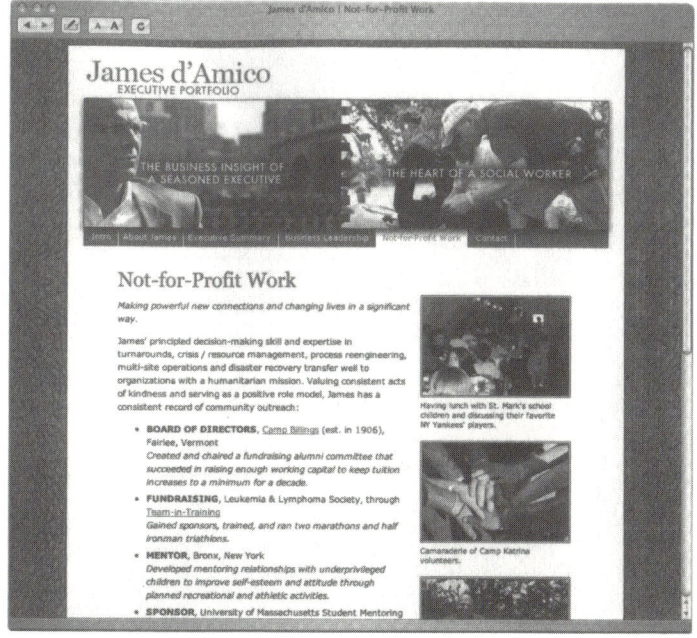

| 그림 13-1 | **홈페이지에 전문가가 찍은 사진을 사용한 예**

전혀 도움이 되지 않는다고 설명했다.

아직도 많은 사람들이 이름과 얼굴을 연결짓는 것이 좋다고 생각한다. 브랜드 정체성 시스템(특히 홈페이지)에 사진을 사용하기로 결정한 경우라면, 적합한 사진을 사용함으로써 목표 청중들과 좀더 돈독한 관계를 맺을 수 있다. 증명사진이 목표 청중의 신뢰를 얻는 데 도움이 될 수도 있고, 브랜드를 발산할 수 있는 기회가 되기도 한다.

단, 사진은 반드시 전문가가 찍은 것으로 사용해야 한다. 지난번 가족 모임에서 어머니가 찍어주신 사진을 사용하고 싶은 욕구는 과감하게 버려야 한다. 전문가에게 사진 촬영을 의뢰할 때에는 사진을 통해 어떤 브랜드 특성을 전달하고 싶은지 분명하게 설명하자. 여러 장의 사진을 찍은 다음 그 중 가장 괜찮은 것을 고르는 것이 좋다. 만일 전신 사진과 같이 기존의 증명사진과는 다른 형태의 사진이 브랜드를 알리는 데 도움이 될 것 같다면 그러한 사진도 충분히 고려해볼 필요가 있다.

브라이언 우의 얘기를 들어보자. "훌륭한 포즈와 스타일링, 조명, 배경, 배치, 사진을 보정하는 포토샵 기술이 한데 어우러졌을 때 완벽한 사진이 탄생합니다."

일단 증명사진을 찍었다면 이를 다음과 같은 커리어 마케팅 도구에 활용하면 된다.

■ 홈페이지

- 온라인 인맥 관리 사이트의 프로필
- 칼럼, e-북, 백서, 보고서
- 메신저나 스카이프 프로필
- 이메일 서명

배경 패턴과 텍스처

인쇄물이나 온라인상에 있는 디자인에는 다양한 요소가 포함되어 있다. 총 다섯 개의 언어를 구사할 줄 아는 미리엄-로즈 콘은 이러한 사실을 잘 알고 있었다. 그녀의 홈페이지 배경

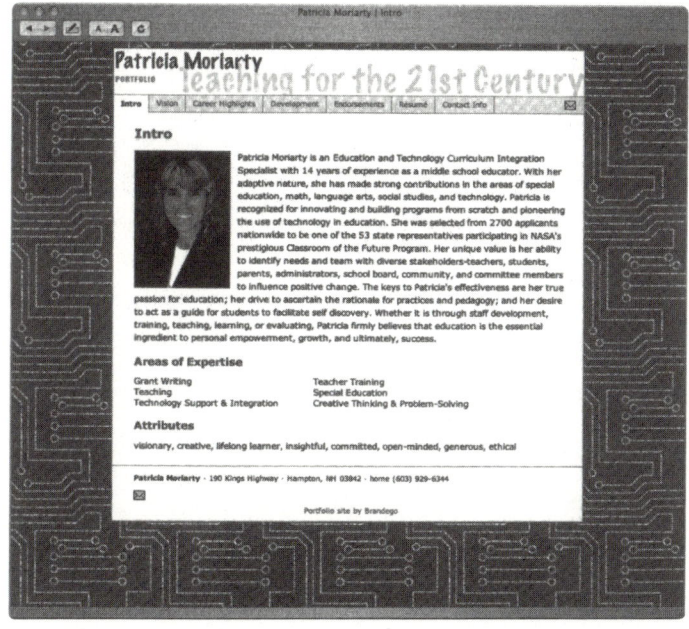

| 그림 13-2 | 퍼스널 브랜드를 알릴 수 있는 배경 텍스처의 예

텍스처에는 그녀가 유창하게 구사할 줄 아는 언어로 구성된 글귀들이 적혀 있다. 브랜드에고에서는 교육공학 전문가인 패스리샤 모리어티를 위해 칠판 느낌의 배경화면 위에 회로기판을 그려넣었다(그림 13-2 참조). 패트리샤는 명함 뒷면 가장자리에도 같은 무늬를 넣어두었다.

슬로건

슬로건은 자신만의 독특한 가치를 전달하는 데 도움이 되는 짧고 재미있는 글귀를 뜻한다. 시판되는 제품에서 슬로건을 도입한 예를 살펴보자면 로레알의 "전 소중하니까요", 펩시의 "다음 세대" 등을 들 수 있다. 퍼스널 브랜드에서 슬로건이란 자신의 브랜드를 설명하는 한 문장을 좀더 마케팅에 도움이 되는 방식으로 간결하게 작성한 것을 뜻한다. 홈페이지 디자인, 인쇄물, 다른 커리어 마케팅 도구에 슬로건을 담아낼 수도 있다.

윌리엄은 로터스에서 브랜드 매니저로 일할 당시 이메일 본문 끝자락에 브랜딩에 관한 자신의 열정, 특히 로터스라는 브랜드에 관한 열정을 다음과 같은 슬로건으로 표현했다. "오늘 하루 브랜드를 위해 무엇을 하셨습니까?" 리치를 설립하면서 윌리엄은 슬로건에 약간 변화를 주었다. "오늘 하루 자신의 브랜드를 위해 무엇을 하셨습니까?"

기타 브랜드 정체성 요소

브랜드 이미지와 어울린다면 온라인이나 오프라인에서 활용하는 커리어 마케팅 도구에 플래시 애니메이션, 엠보싱, 금속 질감 등의 특수효과를 사용하여 브랜드 특성을 좀더 효과적으로 표현하는 것도 좋다. 젤로 홈페이지를 방문해서 화면에 나타나는 이미지에 커서를 갖다대면 해당 이미지가 마치 젤리처럼 살짝 흔들린다.

음악이나 소리도 브랜드 정체성 시스템을 구축하는 데 효과적인 요소가 될 수 있다. 예를 들어 프레젠테이션이나 팟캐스트, 홈페이지의 첫부분과 끝부분에 자신을 상징하는 같은 음악을 넣어두는 것도 좋다. 인텔을 생각하면 어떤 음악이 떠오르는가? 윌리엄은 매달 퍼스널 브랜딩에 간단하고도 빠르게 적용할 수 있는 조언을 들려주기 위해 만든 사이트에서 소리를 잘 활용했다(http://www.reachcc.com/link/WilliamArrudaQuickTip). 윌리엄은 '빠르다'는 개념을 좀더 강렬하게 전달하기 위해 비트가 빠른 음악을 선택했다.

어떤 요소를 브랜드 정체성 시스템에 넣을지 어떻게 결정을 하였는가? 아이디어가 필요하다면 실천편에 있는 내용을 따라 해보자.

○ 브랜드 정체성 시스템을 실행하라

모든 커리어 마케팅 전달 도구에 브랜드 정체성이 묻어나게 해야 한다. 마케팅 전달 도구에는 다음과 같은 것들이 포함된다.

- 웹 포트폴리오나 블로그 주소를 적어둔 명함
- 편지지, 편지 봉투, 라벨
- 맞춤형 파워포인트나 프레젠테이션 템플릿
- 이메일 템플릿
- 홈페이지

> TIP　　글씨체, 색상, 로고 등 각 브랜드 정체성 시스템의 요소를 고심해서 선택했다면 새로운 마케팅 자료를 만들 때마다 참고할 수 있는 사용 지침을 만들어두자.

브랜드 정체성 시스템을 만드는 것은 브랜드 환경 관리를 위한 발산 단계의 일부일 뿐이다. 따라서 브랜드 커뮤니티 구성원들과의 관계를 돈독히 하는 것도 매우 중요하게 여겨야 한다. 다음 장에서 이 주제를 다뤄보도록 하자.

14

커리어 카르마를 높여라

이번 장에서 우리는 다음의 내용을 살펴볼 것이다.

- 커리어 카르마(다른 사람에게 더 많은 것을 줄수록 더 많은 것을 돌려받는 현상)를 인정하는 법
- 브랜드 커뮤니티 구성원과의 관계를 강화하는 법
- 효과적인 인맥 관리의 열쇠
- 사회로 환원했을 때의 이점

아무것도 없는 상태에서 성공할 수는 없다. 사회적으로 성공한 중역, 관리자, 기업가는 브랜드 커뮤니티의 구성원들과 유대관계를 맺고 도움을 주기 위해 부단히 노력했던 사람들이다. 업무와 관련된 네트워크, 즉 직접적으로 관련이 있는 브랜드 커뮤니티 구성원들과의 관계는 브랜드 환경에서 아주 중요한 비중을 차지한다. 네트워크 구성원들이 당신을 존경하고 당신의 브랜드를 이해한다면, 경력을 쌓아나가는 과정에서 그들의 도움을 받을 수 있다. 네트워크 구성원들은 당신을 대신해 다른 사람들에게 메시지를 전달하여 당신의 퍼스널 브랜드를 널리 퍼뜨린다. 주식 투자는 반드시 이윤을 얻는다는 보장이 없지만, 인간관계에 투자하면 보람 있는 커리어라는 훌륭한 결과를 얻을 수 있다. 널리 알려진 대로, 구전 마케팅이야말로 최고의 브랜딩 방법 중 하나다.

기업에서 인재 중 3분의 2 가량을 인맥을 통해 찾아낸다는 통계를 들어본 적이 있는지 모르겠다. 게다가 한 회사에서 근무하는 기간이 점점 짧아진 탓에 인맥 구축이 그 어느 때보다 중요해졌다. 다른 것에 대한 투자와 마찬가지로, 사람에 대한 투자에도 집중과 노력이 필요하다. 잠깐 동안 주식시장에서 눈을 떼면 힘들게 번 돈을 잃을 수도 있다. 인맥 관리도 마찬가지다. 사회 자산을 극대화하고 싶다면 기존의 인간관계를 잘 관리하는 동시에 새로운 관계를 만들어나가야 한다. 인맥 관리의 중요성에 관한 이야기를 소개하고자 한다.

프랭크 노보 고객 서비스 담당 이사

프랭크 노보는 인맥 관리의 달인이다. 그야말로 타고난 인맥 관리 전문가라고 볼 수 있다. 그는 관계 형성을 위해 노력할 뿐 아니라 관계 유지를 위해서도 많은 공을 들인다. 그는 서머셋 고등학교의 1979년 졸업생 중 매년 빠지지 않고 동창회에 참석하는 유일한 인물이다. 이 부분에서의 프랭크의 강점은 리치의 개인 브랜드 평가에서도 그대로 드러났다. 입사 후 15년 만에 NCR를 떠나려고 했을 때, 그 동안 쌓아온 인간관계가 많은 도움이 되었다. NCR에서 그가 일하던 부서가 다른 회사에 매각되었을 때, 경영진은 그 부서의 모든 직원들에게 새로운 일자리를 찾아보라고 일러주었다. 그러자 그는 그 동안 알고 지냈던 사람들에게 경영진의 말을 그대로 전했다. NCR를 떠나야 하는 날이 되기 한 달 전, 그는 세 곳으로부터 취업 제의를 받았다.

인맥 형성에 관심을 갖고,

더 많은 사람들과 관계를 맺기 위해 노력해야 한다.

—톰 피터스, 경영학 박사

○ 커리어 카르마의 원칙: 얻고 싶다면 먼저 줘라

인맥을 형성하기 위해 공을 들이는 이유는 자신의 성공을 위해서지만, 인맥을 형성하고 싶다면 받는 것보다는 주는 쪽이 되어야 한다. 많은 것을 줄수록 가장 필요한 순간에 더 많은 것을 얻을 수 있다.

> 지금 당장 새로운 일자리를 구해야 하는 사람이 인맥을 구
> 축하는 방법을 알려달라고 하면, 인맥은 아무런 소용이 없
> 다고 얘기해준다.
> 사람들은 필사적으로 무언가를 원하는 것과 관계를 형성하
> 기 위한 진실된 노력을 구별할 줄 안다.
> —키이스 페라지, 『혼자 밥 먹지 마라(Never Eat Alone)』의 저자이며 세상에
> 서 가장 방대한 인맥을 갖고 있는 사람 중 한 명

인맥을 형성한다는 것은 지금 당장 필요한 것을 얻기 위해

피상적인 관계를 맺는 것이 아니라 진정한 관계를 키워나가는 것을 뜻한다. 다른 모든 관계가 그러하듯이, 가장 성공적인 인맥은 양쪽 모두에게 도움이 된다. 먼저 주겠다는 생각으로 인맥 형성에 접근하면 사회자산 계정을 꾸준히 불려갈 수 있다. 브랜드 커뮤니티에 속해 있는 모든 구성원들에게 먼저 베푸는 것이 중요하다. 이를테면 새로운 고객을 소개해준다든가, 상대가 유용하게 활용할 수 있는 자료를 소개하는 식이다. 더 많은 것을 줄수록 더 많은 것을 얻을 수 있다. 왜 그럴까? 이제는 준 만큼 되돌려받는 시대가 되었기 때문이다. 다시 말해서 모든 것이 카르마, 즉 인과응보와 관련되어 있기 때문이다.

그 어느 때보다 커리어 카르마의 중요성이 높아졌다. 이제는 맡은 일을 알아서 해결해야 하는 시대가 되었다. 따라서 인맥을 통해 서로 도움을 주고받는 것이 그 어느 때보다 중요하다. 다른 사람들과 돈독한 관계를 유지하면, 조언, 인맥, 지혜 등을 교환할 수 있으며 정신적인 도움도 받을 수 있다.

나는 준 만큼 되돌려받는다는 말을 절대적으로 믿는다.
지금껏 살면서 누려온 많은 축복들을 생각해볼 때 준 만큼
되돌려받는다는 말에는 한 치의 오차도 없다.
그것이 바로 인생의 섭리이자 에너지가 흘러가는 방식이기
도 하다.

—켄 블랜차드, 리더십 분야의 저자

사회생활을 하면서 늘 받기만 하는 사람들을 만난 적도 있을 것이다. 이런 사람들은 항상 다른 사람들에게 무언가를 요구하기만 하고 정작 자신이 주어야 할 때는 인색하게 군다. 이런 사람들은 무엇이 풍요로운지 생각하기보다 무엇이 부족한지에 중점을 둔다. 누구나 예측할 수 있겠지만, 이런 사람들은 좀더 너그러운 마음으로 살아가는 사람들에 비해 사회생활에서나 개인생활에서나 많은 것을 얻지 못한다. 아마, 알고 지내던 누군가가 오랫동안 연락을 하지 않다가 당장 새로운 직장이 필요하다고 연락을 해온 경험을 한 번씩은 해보았을 것이다. 그럴 때 어떤 기분이 들었는가?

무엇이 부족한지 생각하기보다 무엇이 풍부한지 먼저 생각한다면 다른 사람에게 더 많은 것을 베풀 수 있을 뿐 아니라 필요할 때 도움을 받을 가능성도 커진다. 성공적으로 경력을 쌓아가는 사람들은 무궁무진한 가능성, 끝없는 자원, 풍요로운 기회의 세상 속에서 살아간다. 리치 퍼스널 브랜딩 인증 프로그램 담당자인 폴 콥컷의 일화를 통해 먼저 베푸는 것이 얼마나 중요한지를 살펴보자.

토론토 대학 로트만 경영대학원에 키이스 페라지의 강의를 들으러 갔다. 몇 달 전 MBA 동창들에게 퍼스널 브랜딩에 관한 이야기를 한 덕에 한 지인이 얼마 전 키이스 페라지의 강연 소식을 알려주었다. 그 소식을 들은 후 내가 발행하는 e-매거진을 받아보는 2,500명의 독자들에게 키이스 페라지의 강연 소식을 알렸다. 그 강연에 참석한 120명 남짓한 청중 중 약 10퍼센트가 e-매거진을 보고 찾아온 사람들이었다.

키이스의 저서에 적혀 있는 조언, 즉 연사가 자리를 뜨기 전에 의도적으로 연사와 부딪힌 다음 재빨리 이야기를 이어가라는 조언을 따랐다. 당시 케이스가 연설을 하는 장소에 키이스의 저서 『혼자 밥 먹지 마라』를 들고 가서 '유명해지기 전에'(키이스의 저서에 등장하는 이야기를 인용한 것으로 연사가 더 유명해지면 사람들이 떼지어 몰려들기 때문에 사인을 받을 수 없다는 것을 의미한다) 사인을 해달라고 했다. 키이스는 내가 그 책을 읽은 것이 틀림없어 보인다고 얘기했고 나는 윌리엄 아루다가 지난해에 그 책을 추천해주었으며 그 책은 지난 한 해 동안 가장 많은 추천을 받은 책이기도 하다고 일러주었다. 그런 다음, 어떻게 그 책이 캐나다에서 가장 잘 팔리는 인맥 관리서가 되었는지에 관해 이야기를 나눌 기회가 있었으면 좋겠다고 말했다. 키이스는 "좋다"면서 명함을 건네주며 전화를 하라고 말했다.

내가 걸어나가고 나자, 뒤에 서 있던 다른 청중이 나를 따라하며 책에 사인을 해달라고 했다. 키이스는 그 사람에게 자신이 집필한 책에 대해 어떻게 생각하느냐고 물었다. 그러자 그 사람은 "방금 함께 이야기하셨던 분이 제게 이 책에 대해 알려주셨습니다. 그 당시 전 실직 상태였는데, 바로 이 책 덕분에 일자리를 얻을 수 있었습니다"라고 말했다.

키이스는 연설을 하는 동안(그 연설은 정말이지 무척 훌륭했다) 밥이라는 그 남자에 대해 이야기하면서 자신의 책이 그토록 큰 변화를 만들어냈다는 사실에 무척 감동했다고 말했다. 그런 다음, 키이스는 밥이 "이 자리에까지 나와주신 바로 그분에게 감사해야 한다"며 나를 가리켰다. 키이스는 내게 이름이 뭔지 물어보며 자리에서 일어서줄 것을 부탁했다. 그 다음 이렇게 말했다. "저는 브랜드라는 주제에 대해 이야기를 하고 있습니다. 하지만 밥은 폴로부터 퍼스널 브랜딩에 관한 얘기를 들었기 때문에 지금의 일자리를 구할 수 있었습니다. 그러니 여러분도 잠깐 시간을 내서 저분의 얼굴을 기억해두시기 바랍니다. 퍼스널 브랜딩에 관해 좀더 많은 정보를 알고 싶다면, 저분이 여러분을 위한 프로그램을 갖고 있을 겁니다."

두말할 필요도 없이, 강연이 끝난 다음 수많은 사람들이 내 앞에 줄을 서서 명함을 건네면서 퍼스널 브랜딩 프로그램에 관심이 있다는 뜻을 전해왔다.

가장 강력하며 소중하고 가치있는 것은 형태도 없고 눈에 보이지도 않는다. 누구도 그것을 빼앗을 순 없다. 바로, 자기 자신만이 다른 사람에게 줄 수 있을 뿐이다. 더 많이 나눠줄수록 더 많은 것을 갖게 된다.

—클레멘트 스톤, 긍정적인 마음가짐 옹호론자

○ 달라고 하지 않을 때 주어라

가장 훌륭한 선물이 무엇일까? 그 답은 바로 도움을 요청하지 않은 사람들에게 기꺼이 도움을 주는 것이다. 브랜드 커뮤니티 구성원이 도움을 요청하지 않았지만 자신의 손길을 필요로 한다는 것을 깨닫고 기꺼이 도움을 주면 사회자본을 늘릴수 있다. 도움이 필요하지만 다른 사람에게 부탁하는 걸 어려워하는 사람들이 있다. 이런 사람들에게 도움을 주려면, 우선그 사람에 대해 잘 알아야 한다. 관계가 돈독하고 상대에 대해많은 것을 알고 있을수록, 그 사람이 도움을 필요로 한다는 사실을 파악하고 적극적으로 도움의 손길을 내밀 수 있다. 이렇게 기꺼이 도움의 손길을 내밀다 보면 카르마 제국에서 최고의 경지에 오르게 될 것이다. 상대가 요구하지 않더라도 기꺼이 도움을 주곤 하는 메리에 관한 얘기를 살펴보자.

메리 중역실 비서

메리는 회사 직원들을 모두 하나로 모으는 구심점 같은 사람이다. 메리의 퍼스널 브랜드 특성으로는 공감, 배려, 자신감, 직감 등을 들 수 있다. 메리는 주변 사람들이 평소와 다른 모습을 보이면 금방 알아차리고서 도움을 준다. 사실 큰 도움을 준다기보다는 그저 상대의 이야기에 귀를 기울이거나 격려를 해주는 정도다. 메리는 다른 동료들도 어려움에 처한 또 다른 동료들을 위해 도움의 손길을 내밀게 한다. 어느 날 윌리엄은 메리가 사무실 밖에서 동료에게 속삭이듯 말하는 걸 듣게 되었다. "오늘 스티븐이 스트레스를 많이 받은 것 같아. 좋은 얘기를 해주거나 농담 한 마디쯤 건네주면 좋아할 것 같아."

다른 사람의 감정에 공감해주고 팀 전체의 분위기를 생각하는 메리 덕택에 조직이 원활하게 움직이고 있었다. 메리와 함께 일하는 모든 직원들은 최선을 다해 일을 하고 있으며 업무 만족도도 높았다. 그녀는 모든 사람들로부터 사랑 받는 존재였다. 구조조정으로 그녀의 일자리가 사라지자 사내 관리자들은 앞다투어 그녀를 데려가려 했다.

○ 먼저 옆자리에 있는 동료와 친해지자

다른 회사에 있는 사람들에게만 이메일을 보내거나 메시지를 보내는가? 그렇다면 인맥 형성의 가장 중요한 기회를 놓치고 있다고 볼 수 있다. 무엇보다 같은 조직 내에서 얼굴을 맞대고 함께 일하는 사람들부터 챙기는 것이 중요하다. 인맥 형성이란 외부 사람들과의 관계만을 뜻하는 것이라고 잘못 생각하는 사람들도 있다. 그러나 인맥 형성의 범위를 자신이 일하고 있는 조직 밖의 사람으로 제한시킨다면 같은 조직에서 근무하는 직원들과의 관계가 망가질 수 있다. 다음 이야기가 대표적인 경우다.

마리아 제품 관리 담당 이사

마리아의 동료들과 부하직원들은 그녀를 떠올리면 딱 한 가지가 생각난다고 한다. 그것은 바로 '집중'이다. 그녀는 매일 사무실에서 꼼짝도 하지 않고 이메일과 보고서를 작성하며, 화장실에 갈 때에만 책상을 떠난다. 그녀는 직원들의 일을 덜어주기 위해 열심히 일하지만 정작 부하직원들은 그렇게 생각하지 않았다. 리치 사의 개인 브랜드 평가에서 그녀는 자신의 브랜드 특성이 연민, 공감, 배려 등이라고 답했다. 하지만 동료나 부하직원이 내놓은 평가 결과를 보면 마치 전혀 다른 사람에 대한 평가인 것 같았다. 다른 직원들은 그녀를 자기 중심적이고, 독립적이며, 생각 없는 사람으로 평가했다.

그녀는 다른 사람들의 평가를 보고 경악을 금치 못했다. 특히 상사나 친구, 가족이 자신에 대해 하는 이야기와 너무도 달랐기 때문에 그 결과는 충격적이었다. 하지만 그녀는 왜 그런 차이가 발생했는지 그 이유를 곧 깨달았다.

그녀는 일을 해내는 데 몰두하느라 팀원들이나 동료들과 우호적인 관계를 쌓아가기 위한 노력을 전혀 하지 않았던 것이다. 그녀는 인맥 형성을 위한 모임, 가족이나 친구들과의 저녁식사는 챙기면서도 사무실 동료들과 어울리는 자리나 대화는 피해왔다. 그녀는 하루 종일 사무실에 틀어박혀 한 마디 말조차 하지 않는 바람에 주변 사람들의 기분에는 전혀 신경을 쓰지 못했었다는 사실을 깨달았다. 그리고 그 사실은 경력을 쌓아나가는 데 전혀 도움이 되지 않았다. 이미 회사 내에서 직위가 상당히 높은 편이었지만 더 높은 자리로 올라가기 위해서는 팀을 잘 꾸려나가는 모습을 보일 필요가 있었다.

이런 사실을 깨달은 후 그녀는 일하는 방식을 바꾸었다. 그녀는 매일 식당에서 동료들과 함께 점심을 먹고 좀더 많은 이야기를 나누기 시작했다.

인맥 형성을 위해서는 온라인상이든 실재 모임이든 다양한 공간에서 만남을 갖는 것이 매우 중요하다. 하지만 마리아의 경우에서 볼 수 있듯이 같은 조직에서 일하는 사람들과의 관계를 잘 관리할 때 사회자산 형성에 더 많은 도움이 된다. 왜 그럴까? 회사 임원의 평균 임기가 점차 줄어들고 있는 만큼 지금 같이 일하고 있는 동료와 조만간 다른 직장에서 근무하게 될 가능성이 크기 때문이다. 그 동안 돈독한 관계를 맺어왔던 누군가가 다른 회사로 옮겨가게 되면, 그 자리를 차고 들어온 새로운 사람뿐 아니라 이전 동료가 옮겨간 회사의 직원들과 새로운 관계를 형성할 수 있는 기회가 생긴다. 그러므로 같은 회사에서 일하는 동료들과의 관계에 투자를 하면 예상했던 것보다 많은 것을 얻을 수 있다.

마지막으로, 탄탄한 인맥을 갖고 있는 사람들은 기존의 관계를 다져나가는 동시에 새로운 관계를 만드는 등 매일 꾸준한 노력을 기울인다. 이들은 마치 양치질을 하듯이 인맥 형성을 하루 일과로 받아들인다. 사회자산을 늘리고 싶다면 이렇게 행동해야 한다. 새로운 인맥을 형성하고 기존의 인맥을 관리하는 데 도움이 되는 활동들을 하루 일과에 포함시켜보자. 퍼스널 브랜드를 만들어나가기 위한 다른 활동들과 마찬가지로 인맥 형성도 꾸준하고 지속적인 노력을 필요로 한다.

이 책은 인맥 관리의 중요성을 여실하게 보여주는 결정체라 할 수 있다. 인맥 관리에 대한 저서를 집필한 인맥 관리 전문가 미쉘 툴리에 덕분에 이 책에 관한 제안서를 이 책의 편집자인 로리 존슨에게 전달할 수 있었다. 몇 년 전 미쉘이 뉴욕 대학에서 진로 카운셀링에 관한 강의를 했고, 커스틴이 그 강의를 들은 인연으로 커스틴과 미쉘은 몇 년째 소식을 주고받으며 관계를 이어오고 있었다. 덴버에서 열린 경력 관리 컨퍼런스에서 윌리엄이 기조연설을 맡게 되었고, 커스틴이 그곳에서 윌리엄을 미쉘에게 소개해주었다. 리치 사에서 진행하는 브랜딩 클럽 화상세미나에 참가해줄 전문가를 찾던 중 미쉘에게 인맥 형성에 관한 조언을 들려줄 수 있겠냐고 물었고, 미쉘은 흔쾌히 응해주었다. 이후 미쉘은 중역들을 대상으로 하는 퍼스널 브랜딩 프로그램에 관심을 갖고 있던 인재 관리 업체에 우리를 소개해주었다. 2006년 8월, 미쉘에게 존 윌리 앤 선 출판사에서 미쉘의 책을 담당했던 편집자에게 우리를 소개해줄 것을 부탁했고, 미쉘은 우리의 제의를 수락하여 연락처를 건네주며 자신이 소개했다는 이야기를 해도 좋다고 일러주었다. 미쉘의 허락을 얻자마자 바로 그의 담당 편집자에게 이메일을 보냈고 그는 이 책에 가장 잘 어울리는 편집자를 소개해주었다. 몇 번의 전화통화와 이메일을 주고받고서, 처음 이야기를 시작한 지 단 3주 만에 계약을 위한 본격적인 협상을 시작했다. 미쉘이 아니었더라면 세계적인 유통망을 갖고 있는 출판사와 거래를 하기까지 훨씬 더 오랜 시간이 걸렸을 것이다.

TIP   새로운 누군가를 만나게 되거든, 마음속으로 인맥 목록을
떠올린 다음 그 사람과 관계를 형성하는 데 도움이 될 만한 사람이 누
가 있는지 생각해보자.

⭕ 사회자산이 좋은 두 가지 이유

사회자산은 새로운 일자리를 구하는 데 도움이 될 뿐 아니
라 맡은 일을 원활하게 진행하는 데도 도움이 된다. 중역이나
간부가 회사를 옮긴다면, 방대한 인맥도 함께 가지고 취직을
하는 거라고 볼 수 있다. 더 많은 사람들을 알고 있으면 일을
할 때 필요한 자원을 한층 쉽게 구할 수 있다. 예컨대 자신이
제품 개발 담당 부서장이며 지금 당장 새로운 디자이너를 고
용해야 하는 상황인데 그 일을 할 만한 사람을 알고 있을 수도
있다. 또는 IT 부서의 이사로 재직하고 있으며, 해당 부서에서
새로운 고객 관리 시스템을 도입하려고 하는데 물망에 올라
있는 여러 시스템에 대한 의견을 말해줄 사람을 여럿 알고 있
을 수도 있다. 인맥 관리가 공식적으로 요구되는 업무 내용이
아니더라도, 인맥 관리가 가장 중요한 담당 업무 중 하나라고
생각하는 것이 좋다.

뛰어난 퍼스널 브랜드를 갖고 있는 사람들은 서부영화의 주
인공마냥 혼자 힘으로 모든 걸 해결할 수 없다는 사실을 잘 알

고 있다. 〈어프렌티스〉라는 리얼리티 방송 프로그램을 본 적이 있다면, 진행자 도날드 트럼프가 지금의 자신을 있게 해준 수많은 사람들과 계속해서 관계를 유지해오고 있다는 사실을 알아차렸을지도 모르겠다. 그것은 잭 웰치, 리처드 브랜슨, 빌 게이츠, 오프라 윈프리 같은 유명인들도 마찬가지다. 잘 알고 있거나 가장 존경하는 중역들을 자세히 관찰해보면 그들도 동료, 고객, 비즈니스 파트너, 전 상관, 멘토 등 수많은 사람들과 탄탄하고 서로 도움이 되는 탄탄한 관계를 유지해오고 있다는 사실을 알 수 있을 것이다.

◯ 사회적 책임을 다하라

인맥 형성에 도움이 되는 또 다른 방법은 사회에 환원하는 것이다. 대기업들은 기업의 사회적 책임 전략을 통해 사회에 환원한다. 예를 들면 브리티시 페트롤리움은 깨끗한 환경을 위해 노력하고, 아메리칸 익스프레스는 기아를 해결하기 위해 노력하며, 에이본은 유방암에 대한 인식을 높이기 위해 캠페인을 한다. 사회적인 대의명분을 적극적으로 받아들이는 기업들은 "사회 문제는 우리와 아무 상관이 없다"고 주장하는 경쟁 업체들에 비해 경쟁력이 있다. 사회적 책임을 다하는 조직은 좀더 돋보이게 되고, 고객의 충성도도 높아지며, 자기 자신이나 회사보다 더 큰 무언가를 위해 공헌한다는 생각에 직원들의 만족감도 높아지기 때문이다.

사회적 책임을 다하는 것도 자신을 경쟁자들로부터 차별화시키는 한 방법이다. 이를테면 영국의 유명한 요리사 제이미 올리버는 학교 급식을 제공하여 비만을 퇴치하기 위해 노력하고 있으며, 빌 게이츠 부부는 전세계 모든 아동이 교육을 받을 수 있게끔 재단을 설립했고, 마돈나는 아프리카 말라위에 있는 고아들에게 음식과 교육의 기회를 제공한다.

관심을 갖고 있는 대의명분을 지지할 때는 언젠가는 그 노력이 자신에게 되돌아올 거라는 믿음을 가져야 한다. 단, 어떤 구체적인 형태로 자신에게 득이 될 거라는 기대는 하지 않는 것이 좋다. 개인의 사회적 책임을 구체적인 결과로 이어지는 하나의 전술이라고 여기기보다는 경력 관리에 도움이 되는 전략적인 방법이라고 생각해보자. 그 결과는 분명히 긍정적일 것이다. 하지만 사회적 책임을 다한 대가를 정확하게 어떤 형태로 되돌려받을지는 예측할 수도 없고, 예측하려 해서도 안 된다. 아프리카의 빈곤과 기아를 퇴치하기 위해 자선 콘서트를 열면서 밥 겔도프가 '그래, 내가 이 행사를 조직하면, 여왕이 명예기사의 작호를 내려줄 거고 노벨평화상 후보로 추대될 거야'라고 생각하지는 않았을 것이다. 아마도 자신이 관심을 갖고 있는 대의명분에 공헌하고자 하는 진심 어린 마음이, 그의 퍼스널 브랜드를 강화시키는 효과를 낳았을 것이다.

결코 나눔을 멈추어선 안 된다고 생각한다.

물론 나도 그러지 않을 것이다.

나눔이란 지속적인 과정이라고 생각한다.

나눔이라는 것이 꼭 돈을 내는 것을 뜻하는 건 아니다.

다른 사람의 인생에 감동을 주는 행동이 나눔일 수도 있다.

—오프라 윈프리

사회적·책임을 다했을 때의 좋은 점들

■새로운 사람을 만나서 인맥을 넓힐 수 있다.

■전문성을 강화할 수 있다.

■생각을 넓힐 수 있다.

■열정을 실현하는 데 도움이 된다.

■한층 눈에 띄는 존재가 된다.

■좀더 넓은 세상과 이어진다.

■새로운 기술을 습득함으로써 업무적으로 한 단계 발전하게 된다.

■현재의 고용주나 잠재적인 고용주가 관심을 가질 만한 매력적인 사람이 된다.

■자신의 리더십, 커뮤니케이션 능력, 프로젝트 관리 능력 등을 드러낼 수 있다.

■좀더 나은 세상을 만드는 데 기여할 수 있다.

어마어마한 돈을 갖고 있는 사람들만 사회의 병폐를 없앨 수 있는 건 아니다. 강력한 퍼스널 브랜드를 소유한 사람들은 어떤 식으로든 사회 공헌 활동을 한다(사실 이 지구는 자신의 브랜드 커뮤니티에서 가장 바깥쪽에 있는 구성 요소이기도 하다). 한 분야에서 두각을 나타내면 좋은 일을 하기가 한층 수월해진다. 다른 사람에게 도움을 주면 지기 자신에게도 득이 되시만 사회 전반에도 도움이 되고, 브랜드 이미지를 개선하는 데도 도움이 된다. 게다가 인맥을 넓히고 능력을 키워나가는 데도 아주 좋다. 특정한 대의를 지지한다면, 이 세상을 좀더 나은 곳으로 만드는 데 도움을 줄 수 있을 뿐 아니라 자신의 영혼과 경력에도 도움이 된다.

업무와 관련된 모든 활동들이 자신의 브랜드를 나타내며 자신의 업무상 운명을 결정한다는 사실을 잊어서는 안 된다. 인맥을 쌓고 사회적 책임을 다하는 것은 사회적 성공의 필수 요소랄 수 있는 커리어 카르마에 도움이 될 뿐 아니라 주변 사람들과 자기 자신에게도 도움이 되는 강력한 도구라는 사실을 기억하자. 이 모든 활동들이 발산, 즉 브랜드 환경을 관리하는 데 있어 무엇보다 중요한 요소다. 하지만 최고의 퍼스널 브랜드를 갖고 있는 사람들은 한 걸음 더 나아가 끊임없이 변화한다. 이 내용은 뒤에서 좀더 자세히 다룰 예정이다.

요약

진화하라

이번 장에서 우리는 다음의 내용을 살펴볼 것이다.

- 브랜드의 성공을 평가하는 방법
- 브랜드가 항상 자신이 원하는 특성을 돋보이게 하는 방법
- 항상 브랜드에 관심을 갖는 방법

이 책의 본문을 읽고, 실천편에 있는 실천 과제까지 모두 실행해보았다면 퍼스널 브랜딩 과정에서 중요한 첫 번째 단계를 모두 끝낸 것이다. 이제 일을 통해 무엇을 얻고자 하는지, 그 목표를 달성하려면 어떻게 해야 하는지 깨달았을 것이다. 하지만 퍼스널 브랜딩은 일회적인 이벤트가 아니다. 성공으로 이어지는 길에서 벗어나고 싶지 않다면 끊임없이 자신의 브랜드가 원하는 효과를 내고 있는지 살펴보고, 필요하다면 원하는 목표에 도달하기 위해 브랜드를 수정해야 한다.

이 책의 앞부분에서 설명한 것처럼, 경력 관리는 매일 빼먹지 않고 꾸준히 진행해야 한다. 이런 생각을 하게 되었다면 일과 관련된 자신의 운명을 원하는 대로 이끌어나갈 수 있으며, 현재의 고용주나 고객에게 한층 커다란 가치를 전달할 수 있고, 원하는 목표를 향해 꾸준히 나아갈 수 있다. 강력한 퍼스널 브랜드를 소유한 사람들은 항상 자신의 브랜드를 인식하고 브랜드가 자신이 원하는 특성을 대표할 수 있게끔 만들어 원하는 방향으로 경력을 쌓아나간다.

> 목표와 꿈을 실현하기 위해 직접 행동을 취하기 시작했다면 모든 행동이 완벽할 수는 없다는 사실을 깨달아야 한다. 뿐만 아니라, 모든 행동이 원하는 결과로 이어지지도 않을 뿐더러 모든 행동이 먹혀드는 것도 아니다. 실수를 하고, 그 실수를 바로잡고, 실험을 통해 어떤 일이 일어나는지 살펴보는 것 모두가 원하는 결과를 도출하기 위한 과정이다.
>
> —잭 캔필드, 『영혼을 위한 닭고기 수프』의 저자

 브랜드 성과를 평가하라

여러분은 자신만의 독특한 가치 약속을 찾아냈고, 목표 청중에게 닿는 데 도움이 되는 커뮤니케이션 도구를 발견하였으며, 자신이 선택한 커뮤니케이션 방법을 통해 명쾌하고 일관성 있는 메시지를 지속적으로 전달하기 위한 계획을 세웠다. 업무와 관련된 인맥을 구축하고 강화하는 등 브랜드 환경을 만들어나가기 위한 방법도 살펴보았다. 하지만 이런 노력들이 빛을 발하고 있는지 아닌지를 어떻게 판단할 수 있을까? 브랜드를 위한 노력이 어떤 결실로 이어지는지 궁금하다면 주기적으로 브랜드 성과를 평가해야 한다.

브랜드의 효율성을 평가할 방법을 찾을 수 있는 사람은 사기 자신뿐이다. 브랜드 평가를 위한 노력에서 가장 중요한 것은 어떻게 브랜드 성과를 평가할 것인지 미리 평가 방법을 정해두는 것이다.

- 연봉이 얼마나 증가했는가?
- 업무에 대한 만족도와 업무 외의 부분에 대한 만족도 사이에 균형이 잡혀 있는가?
- 경력을 쌓아나가는 데 있어서 어느 정도의 속도로 앞으로 나아가고 있는가?
- 연말에 받은 근무 평가가 어떠한가?
- 구체적인 몇 가지 목표와 관련된 발전 사항
- 블로그에 글을 남긴 사람이나 뉴스레터를 신청한 사람 수
- 온라인 인맥 사이트에서 왕래하는 사람 수
- 연간 몇 건의 연설 일정이 잡혀 있는가?

어떤 평가 방법을 선택하든, 자신이 선택한 방법을 기준으로 연간 1회 이상 브랜드 성과를 점검해야 한다. 대기업들은 업무의 일환으로 브랜드 평가를 실시한다. 자사 브랜드에 대

한 소비자들의 인식 정도를 이해하고, 브랜드 인지도를 평가하고, 감성적·이성적 브랜드 특성의 강점을 평가하기 위한 연구에 수천 달러를 지출하는 업체도 있다. 자신이 선택한 방법을 기준으로 자신의 브랜드 성과가 어느 정도인지 판단해야 한다(물론 기업에서만큼 많은 돈을 투자할 필요는 없다). 어떤 기준을 선택해야 할지 조언을 구하고 싶다면 실천편에 있는 실천과제를 수행해보자.

 매주 금요일 오후마다 목표를 살펴보고(관련 내용을 문서로 작성하여 눈에 잘 띄는 곳에 붙여두자) 한 주 동안의 노력이 목표를 향해 나아가는 데 도움이 되었는지를 자문해보자.

◯ 피드백을 요청하라

사내외 인사들 중 누가 당신의 브랜드에 관해 솔직한 피드백을 줄 수 있으며, 믿을 만한 사람이 누구인지를 파악해보자. 그런 다음, 상대방과의 관계가 새로운 단계에 접어들 때마다 "내가 잘 하고 있습니까?"라고 물어보면 소중한 교훈을 얻을 수 있다. 자신의 브랜드가 되도록 강하게 자리잡길 바란다면 가능한 한 많은 조언을 구하고, 이러한 조언들을 정리해두었다가 필요할 때마다 살펴보는 것이 좋다. 다른 사람들이 조언을 해주면 어떤 것이 목표를 달성하는 데 도움이 될지 먼저 생각하자. 어떤 피드백이 성공에 가장 큰 도움이 될까? 어떻게 상대의 피드백을 커리어 매니지먼트 전략으로 활용할 수 있을까?

피드백을 얻는 방법을 몇 가지 소개하면 다음과 같다.

- ■**다른 사람의 시각으로 브랜드를 평가해보자.** 상사가 당신의 업적이나 개선 분야에 대해 언급할 때 당신의 브랜드에 관해 뭐라고 이야기하는가?
- ■**프레젠테이션을 끝낸 후 피드백을 구하라.** 업무와 관련된 모임에서 연설을 하거나 프레젠테이션을 할 기회가 있다면 피드백을 적어넣을 수 있는 서류를 준비하여 구체적인 피드백을 요구하라. 5장에서 살펴본 것처럼, 윌리엄은 워크샵을 진행할 때마다 커다란 종이를 준비하여 참가자들에게 자신을 생각했을 때 연상되는 브랜드 특성을 적어줄 것을 요청했다. 윌리엄은 자신이 얼마나 일관성 있는 특성을 전달하는지 알아보기 위해 그 서류들을 모두 모아두었다. 일관성 없는 특성들이 툭툭 튀어나오면, 윌리엄은 자신의 브랜드 약속에 관해 일관성 없는 메시지를 전달하고 있다는 사실을 깨닫고 연설 활동과 관련된 모든 요소들을 재평가했다(프레젠테이션, 배포용 서류, 강연 내용 등).
- ■**지속적으로 브랜드를 평가하라.** 경력 관리 전문업체에서 1

년에 한 번씩 개인 브랜드 평가를 진행하는 것이 좋다. 그런 다음, 그 결과를 지난해의 결과와 비교해보자. 브랜드가 일관성 있는 특성을 나타내고 있는가? 당신에 대한 스스로의 평가와 다른 사람들의 평가가 일치하는가? 자신이 원하는 브랜드 이미지대로 사람들이 자신을 평가하는가? 만일 그렇지 않다면, 어떤 변화를 주면 당신에 대한 다른 사람들의 평가와 스스로의 평가가 일치할 수 있을까?

■ **멘토나 코치의 도움을 받자.** 멘토나 코치에게 당신이 자신의 브랜드를 전달하거나 업무를 수행할 때 어떻게 행동하는지, 직설적이고 솔직한 평가를 해줄 것을 요구하자.

○ 퍼스널 브랜드도 변해야 한다

우리를 둘러싼 모든 것이 변화하듯이 지속적으로 자신의 브랜드를 평가하고 브랜드가 자신에게 안겨주는 가치를 평가해야 한다. 자신의 경력과 관련된 여러 요소 중 어떤 것이 가치가 있고, 어떤 것은 가치가 없는지 관심을 갖고 지켜보면 상황에 맞는 노력을 기울일 수 있다.

변화를 멈추면, 인생이 끝난 것이나 다름없다.
—벤자민 프랭클린, 미국의 정치가이자 발명가

강력한 퍼스널 브랜드를 소유한 사람들은 계속해서 목표 청중에게 자신의 브랜드를 알리기 위해 끊임없이 변화한다. 이런 변화를 제품 라인 확장에 비교하면 이해가 쉬울 것 같다. 이를테면 조바서의 CEO 닉 그레이엄은 신상품 넥타이에서 속옷까지, 판매하는 제품의 범위를 넓혀갔다.

또한 당신은 자신의 브랜드가 좀더 넓은 범위의 목표 청중에게 도달할 수 있도록 인쇄 매체 외에도 웹사이트 등 인터넷 공간을 이용해 자신의 메시지를 공개할 수 있다. 뿐만 아니라, 경력을 쌓아나가면 (볼보가 세련된 디자인으로 '안전'이라는 브랜드 특성에 '스타일'이라는 특성을 추가하고 있는 것처럼) 자신의 브랜드 특성을 강화할 수 있다.

커스틴이 2004년에 처음으로 브랜딩 사업에 뛰어든 후 그녀의 브랜드는 계속해서 변화해왔다. 브랜드에고와 리치 브랜딩 클럽을 시작한 후, 그녀는 자신이 경력 기술 전문가로서의 틈새 분야를 발견했다는 사실을 깨닫게 되었다. 그녀는 자신의 업무와 관련된 한 협회에서 경력 기술 전문가로서 명성을 쌓아갔지만, 퍼스널 브랜드를 키워나가기 위해 충분한 노력을 기울이지도, 꾸준히 퍼스널 브랜드를 표출하지도 않았다. 그녀는 당시 운영하고 있던 사업체가 새롭게 정의한 자신의 브랜드와 어울리지 않는다는 사실을 발견하고서 회사를 팔아버렸다(회사를 매각한 다른 이유는 정상적으로 살아가기 위해서였다. 동시에 세 개의 회사를 운영하는 건 결코 즐거운 일이 아니었다). 그녀는 강연, 집필, 제품 및 서비스 개발을 통해 좀더 많은 청중에게 자신의 브랜드를 전달할 수 있다는 사실을 깨닫고선 이같은 창의적인 분야에 더 많은 시간을 할애했다. 실제로 이런 활동들은 그녀의 재능과 장기적인 목표와도 잘 어울리는 것들이었다.

목표를 향해 나아가는 과정에서, 자신의 브랜드가 여전히 목표와 일치하는지, 자신의 브랜드를 알리고 신뢰성을 주기에 적합한 커뮤니케이션 도구를 개발하였는지 스스로에게 질문을 던져보아야 한다. 첫 번째 단계인 추출 단계를 다시 살펴보고 답변이 달라지진 않았는지 살펴보는 것도 도움이 될 듯하다. 만일 자문 결과 답이 달라졌다면, 자신의 브랜드를 정의하는 글과 브랜드 프로필을 다시 살펴보고 새롭게 보완하는 것이 좋다.

○ 차별화된 커리어를 위한 12가지 방법

새로운 직업의 세상에서, 유일한 진리는 모든 것은 변한다는 사실이다. 따라서 자신을 둘러싼 모든 것이 변하고 있는데 혼자 멈추어 서 있을 순 없다. 이렇듯 자신의 브랜드를 조금씩 수정해나간다고 해서 퍼스널 브랜드가 퇴색되는 건 아니다. 사실은 오히려 그 반대다. 브랜드는 진화를 통해 자신이 누구인지를 한층 더 정확하게 보여준다. 브랜드가 아무리 변화하더라도 좀더 큰 의미에서의 비전, 장기적인 목표는 변하지 않는다. 자신의 브랜드를 진화시킨다는 것은, 퍼스널 브랜드의 약속을 전달하기 위한 새로운 방법을 생각해낸다는 뜻이자 커리어의 차별화를 위해 변화를 추구한다는 뜻이기도 하다. 이제 마지막으로 당신이 눈에 띄는 존재로 거듭날 수 있는 비결을 소개하고자 한다. 다음에 소개하는 12가지 비결을 절대 잊지 말자.

1. **자기 자신을 정확하게 파악하라.** 자기 자신이 누구인지, 인생에서 원하는 것이 무엇인지 모른다면 결코 남과 다른 존재가 될 수 없다. 눈에 띄는 특별한 사람들은 자기 자신에 대해 잘 알고 있다. 오프라 윈프리를 생각해보자.

2. **자신의 특별한 면모를 드러내 보여라.** 눈에 띄는 존재가 된다는 것은 자신을 차별화시킨다는 뜻이기도 하다. 자신을 남과 다르게 만들어주는 요소를 숨기지 말고 강조하자.

3. **강점을 극대화하자.** 눈에 띄는 사람들은 특정한 분야에서 아주 뛰어난 능력을 발휘하는 사람들이다. 타이거 우즈, 빌 게이츠, 랜스 암스트롱 등을 생각해보자. 눈에 띄는 존재가 되고 싶다면 자신이 속한 분야에서 최고가 되어야 한다.

4. **정기적으로 인터넷 검색창에 자신의 이름을 넣어보자.** 자신의 이름을 자주 검색해보아야 한다. 다른 사람들도 당신의

이름을 검색한다. 따라서 당신은 온라인에서 어떻게 알려져 있는지 알아두고 관리해야 한다. 어떤 사람들은 인터넷 검색 결과만으로 당신을 기억한다는 사실을 잊지 말자.

5. 피드백을 요구하라. 평판의 중요성을 깨달아야 한다. 다른 사람들이 당신을 어떻게 생각하는지를 알아보기 위해 적극적으로 노력하자.

6. 인간관계의 구심점이 되어라. 자신이 속해 있는 모든 조직에서 구심점 역할을 하자.

7. 크게 생각하라. 큰 꿈을 갖고, 그 꿈을 실현하기 위해 노력하자.

8. 끊임없이 다듬어라. 지금 손에 쥐어진 것에 결코 만족해선 안 된다. 끊임없이 새로운 것을 배우고, 야심을 갖고, 개인적인 삶에서나 업무와 관련된 부분에서나 꾸준히 성장할 수 있도록 노력하자.

9. 청중의 범위를 정의하라. 가능한 한 경쟁자에 관해 많은 정보를 얻어 자신만의 독특함을 바탕으로 차별화되는 존재가 되자.

10. 베풀어라. 업무상 관계를 맺고 있는 사람들에게 도움을 주면 새로운 인맥을 쌓고, 소중한 정보를 찾고, 새로운 기회를 얻는 데 도움이 된다. 주위 사람들에게 더 많은 것을 나누어줄수록 더 많은 것을 얻을 수 있다.

11. 어떤 일을 하든 자신을 드러내라. 전화 통화, 이메일, 회

의, 대화 등 어떤 행동을 하든 자신의 브랜드가 드러나게 하라.

　　12. **자신감을 가져라.** 어떤 식으로 자신을 드러내든 확신과 열정, 자신감을 내보여라. 자신을 드러낸 그 순간뿐 아니라 시간이 한참 흐른 후에도 사람들은 당신을 기억할 것이다.

1 직업의 미래

1. U.S. Department of Labor, *Asian Pacific American Federal Career Guide*, May 10, 2006, www.dol.gov/_sec_federal_career_guide.pdf.

2. ExecuNet Press Release, "Average Executive Tenure Less than Four Years," June 15, 2005, http://www.execunet.com/m_releases_content.cfm?id=3096.

3. Greg Welch, "CMO Tenure: Slowing Down the Revolving Door," July 2004, http://www.spencerstuart.com/research/articles/744.

4. Ruy Teixeira, "What the Public Really Wants on Jobs and the Economy," October 26, 2006, http://www.americanprogress.org/issues/2006/10/public_wants.html.

5. U.S. Bureau of Labor Statistics, "Working in the 21st Century," http://www.bls.gov/opub/working/page17b.htm.

3 성공적으로 경력을 쌓기 위한 퍼스널 브랜딩

1. " The 100 Top Brands 2006," *BusinessWeek Online*, http://bwnt.businessweek.com/brand/2006.

12 어떤 일을 하든 퍼스널 브랜드가 드러나게 하라

1. University of Texas at Austin, On Campus, "The Personality of Personal Spaces?Your office or bedroom can reveal more about you than you may think," April 3, 2002, http://www.utexas.edu/opa/pubs/oncampus/02oc_issues/oc020403/oc_personality.html.

실천편

성공과 만족으로 가득한 커리어를 향해 한 걸음 내딛게 된 것을 축하한다.

'실천편'은 『차이의 전략』에 실려 있는 내용을 실천하는 데 도움을 주기 위해 만든 것이다. 여기에 실려 있는 실천 과제들은 단순히 퍼스널 브랜딩 과정을 진행하는 데에만 도움이 되는 것은 아니다. 이 과제들은 각 분야에서 전문가로 활동하고 있는 고객들을 대상으로 오랫동안 활용해온 것으로 유용성이 증명된 것들이다. 커리어 관련 강좌를 통해 또 다른 평가 방법을 배운 적이 있거나 도움이 되는 실천 과제들을 알고 있는 사람은 이 책에 있는 과제들과 함께 진행해보는 것도 좋다.

독자 여러분들이 이 책의 내용을 최대한 활용할 수 있기를 바란다. 자, 그럼 이제 시작해보자.

—윌리엄 아루다 · 커스틴 딕슨

4 자신을 파악하라

이 책에 나와 있는 '1-2-3 성공!' 퍼스널 브랜딩 과정의 추출 단계에 포함되어 있는 실천 과제들은 당신 자신에 대해 좀더 깊이 파헤쳐볼 것을 요구한다. 따라서 어떤 실천 과제는 지나치게 개인적인 문제를 건드린다는 생각이 들 수도 있다. 하지만 열린 마음을 갖고, 일정한 시간을 정해두고서 과제를 완수해보기를 바란다. (실천 과제들을 여러 차례 반복해서 실행해보는 것도 좋다.) 여기에 실려 있는 과제들을 반드시 순서대로 진행해야 하는 것은 아니다. 하나의 과제를 풀다가 문제가 생기면 다음 과제로 넘어가도 좋다. 하지만 아마도 독자 여러분은 다음 단계로 넘어가기 전에 추출 단계에 있는 실천 과제를 모두 완수하고 싶어할 듯하다. 그런 분들을 위해 여기에는 퍼스널 브랜딩 과정의 각 단계에 대한 간략한 설명도 곁들여져 있다.

비전을 정의하라

●

세계적인 이슈 중 꼭 해결되기를 바라는 것이나 자신의 인생에서 변화나 개선을 바라는 부분에 대해 생각해보자. 그것이 바로 자신의 비전이다. 아래의 빈칸에 자신이 갖고 있는 비전이 무엇인지 적어보자.

_____

_____

_____

목적을 정의하라

●

자, 이번에는 자신의 장례식이 진행되고 있다고 생각해보자. 지금 당신의 영혼이 방 위를 떠돌고 있으며 당신은 주위 사람들의 말을 들을 수 있다. 조문객들이 생전에 당신이 일구어낸 성과, 당신으로부터 받은 감동, 당신이 세상에 기여한 변화 등에 관해 어떤 얘기를 하고 있는가? 조문객들이 해주기를 바라는 얘기가 바로 당신의 목적이다. 조문객들이 어떤 이야기를 하면 좋겠는지를 아래에 적어보자.

_____

_____

목표를 찾기 위한 실천 과제

●

1단계 컴퓨터를 켠 다음, 마이크로소프트 워드나 엑셀을 열고 자신의 경력이나 일과 관련된 목표를 적어보자. 한 줄에 한 가지씩 간략하게 적는 것이 좋다. 예를 들어 '우리 부서의 부서장이 될 것이다' 나 '뉴욕 사무소에서 일을 할 것이다' 와 같은 목표를 적어볼 수 있다. 모든 것을 다 적었다는 생각이 들더라도 곰곰이 생각해보면 마음속에 좀더 많은 목표가 있을 테니 다시 생각해보고 더 많은 목표를 추가해보자. 1단계를 끝내고 나면 자신이 달성하고 싶은 모든 목표가 담겨 있는 긴 리스트를 손에 넣을 수 있을 것이다.

2단계 리스트에 적힌 각 목표 왼쪽에 '1', '2', '3' 중 하나를 적어보자. 다음 해에 달성하고 싶은 목표 옆에는 '1' 이라고 적고, 2년에서 5년 사이에 달성하고 싶은 목표 옆에는 '2' 라고 적고, 5년 이상 장기간에 걸쳐 달성하려는 목표 옆에는 '3' 이라고 적자.

3단계 리스트를 분류해보자(리스트를 분류해야 하기 때문에 워드나 엑셀로 작업할 것을 요구한 것이다). '1' 은 '1' 끼리, '2'는 '2' 끼리, '3'에 해당되는 목표는 '3' 끼리 모아보자. 세 개로 나뉘어진 각 하위 그룹 내에 있는 여러 목표들을 견주어보며 계속해서 'A라는 목표가 B보다 더 중요한가?' 라는 물음을 던져보자. 그런 다음, 세 개의 하위 그룹에 속해 있는 각 목표들을 중요한 순서대로 나열해보자. 이 과정을 거치고 나면, 목표를 달성하는 데 필요한 시기와 우선순위를 반영한 리스트를 완성할 수 있다.

4단계 리스트가 완성되면 다음과 같은 두 가지 일을 해야 한다. 우선 다양한 목표를 이어주는 연결고리, 즉 하나의 거대한 목표로 연결되는 이정표를 찾아내야 한다. 둘째, 우선순위를 정하다 보면 어떤 것이 정말 중요한 목표인지 깨닫게 된다. 자신에게 가장 중요한 목표를 찾았다면, 너무 많은 무의미한 목표에 에너지를 쏟아붓는 대신 한 곳에 에너지를 집중시키자.

5단계 리스트를 살펴본 다음에 해야 할 일은 아래와 같다.
1. 중요하지 않은 목표는 삭제한다.
2. 목표를 추가하거나 이미 적었던 목표를 다듬는다.

6단계 목표가 적힌 리스트를 살펴보고 궁극적인 목표를 향해 나아가기 위해 밟아나가야 할 합리적인 단계가 무엇인지 생각해보자. 그런 다음, 관련 내용을 상세히 적어보자. 먼저 염두에 두고 있는 위치에 대해 좀더 명료하게 정리해보자. 빈칸을 채워넣거나 자신이 바라는 이상적인 상황에 가장 가까운 곳에 동그라미를 쳐보자.

■ 회사 규모(직원 수나 매출액):

_____

■ 직원 수:

_____

■ 수익률:

_____

■ 다음 중 당신이 원하는 기업은 어떤 곳인가? 동그라미를 쳐보자.

　　　　소기업　　　중소기업　　　대기업

■ 자신의 직함:

_____

■ 위치:

_____

■ 목표로 삼고 있는 회사의 실명을 적을 수 있는가?

_____

자신의 가치관을 파악하라

●

아래의 빈칸에 자신이 중요하게 여기는 가치 다섯 가지를 적어보자(다음 페이지에 있는 리스트를 참고하면 도움이 될 것이다). 자신이 중요하게 여기는 다섯 가지 가치가 바로 자신의 기본 원칙이다. 경력 관리에 있어 가치관과 열정이 어떤 역할을 하는지 좀더 자세히 알아보고 싶다면 이 책의 76쪽에 있는 '자신의 가치관과 열정을 파악하라'를 참조하기 바란다.

1. _____

2. _____

3. _____

4. _____

5. _____

자신이 중요하게 여기는 다섯 개의 가치가 무엇인지 알아보았으니 현재 자신의 회사에서 중요하게 여기는 가치가 무엇인지 살펴보고 일치하는 부분이 있는지 생각해보자. 어떻게 하면 회사가 원하는 가치를 대표하는 사람으로 인정받을 수 있을까?

자신의 핵심 가치가 무엇인지 결정하는 데 도움이 될 만한 리스트를 만들어보았다. 물론, 아래에 있는 리스트에 지나치게 얽매일 필요는 없다. 리스트를 읽어나가면서 자신과 맞지 않는 것은 지워나가자. 그런 다음, 남아 있는 것 중에 가장 중요하다고 생각하는 다섯 개를 고르자.

• 풍요	• 접근 가능성	• 성과	• 정확성
• 성취	• 적응력	• 모험	• 애정
• 풍족	• 공격성	• 민첩함	• 경계심
• 이타주의	• 야망	• 즐거움	• 자기주장
• 자각	• 균형	• 아름다움	• 최고가 되는 것
• 소속감	• 용기	• 평온함	• 우정
• 배려	• 사려 깊음	• 명성	• 도전
• 동정심	• 쾌활함	• 명료함	• 청결
• 똑똑함	• 안락함	• 의무	• 연민
• 완성	• 전념	• 자신감	• 일치
• 연결	• 일관성	• 만족감	• 지속성
• 통제	• 확신	• 협동	• 용기
• 창의성	• 진실성	• 호기심	• 대담함
• 결단력	• 의존성	• 깊이	• 욕망
• 결의	• 헌신	• 품위	• 성실
• 솔직함	• 기강	• 발견	• 행동의 자유
• 다양성	• 추진력	• 임무 완수	• 역동성
• 자기계발	• 효율성	• 우아함	• 공감
• 격려	• 인내	• 에너지	• 흥미
• 열정	• 탁월함	• 흥분	• 경험
• 전문성	• 낭비	• 외향적인 성향	• 윤택
• 공정함	• 신의	• 명예	• 가족
• 매료	• 유행	• 두려움이 없는 마음	• 충실

- 재정적인 독립
- 자유
- 관대
- 행복
- 정직
- 상상력
- 영감
- 내향적인 성향
- 환희
- 리더십
- 충성
- 주의
- 복종
- 조직
- 완벽
- 명랑
- 권력
- 준비성
- 번영
- 인정
- 종교
- 존경
- 만족
- 관능
- 우직함
- 세련
- 정성
- 타인의 동감
- 평온
- 수완
- 비전
- 지혜

- 체력
- 다정다감
- 기품
- 조화
- 존경
- 영향력
- 청렴
- 통찰력
- 정의
- 학습
- 남들과 다른 삶
- 겸손
- 열린 마음
- 창조력
- 끈기
- 쾌감
- 실용성
- 개인 존중
- 꼼꼼함
- 휴양
- 복원력
- 휴식
- 안전
- 성욕
- 간소함
- 속도
- 체계화
- 팀워크
- 진실
- 변화
- 생동감
- 위트

- 유연성
- 검소
- 감사
- 건강
- 희망
- 독립성
- 전력질주
- 창의력
- 친절
- 논리
- 숙달
- 동기
- 낙천주의
- 열정
- 인류애
- 인기
- 실리주의
- 미래를 내다봄
- 순수
- 휴식
- 결의
- 절제
- 극기
- 나눔
- 진실성
- 영성
- 성공
- 시기 적절
- 타인에 대한 이해
- 활력
- 부
- 젊음

- 집중
- 재미
- 성장
- 영웅심
- 유머
- 독창력
- 친밀함
- 투자
- 지식
- 사랑
- 성숙
- 미스터리
- 질서
- 평화
- 경건함
- 세력
- 정확성
- 전문성
- 현실주의
- 신뢰도
- 풍부함
- 희생
- 감수성
- 침묵
- 고독
- 자발성
- 타인의 지지
- 전통 존중
- 독특함
- 선행
- 승리
- 열의

열정을 찾아라

●

아래 빈칸에 자신이 가장 열정을 느끼는 다섯 가지 일이 무엇인지 적어보자. 매력이나 흥분을 느끼고 에너지가 솟아나는 활동이나 관심사, 대화 주제 등이 이에 해당된다. 좀더 쉽게 설명하자면, 토요일에도 아침 6시에 눈을 뜨게 하는 것, 끊임없이 이야기를 하게 되는 것, 그것이 바로 자신이 열정을 느끼는 일이다.

1.

2.

3.

4.

5.

Step 2 표현 단계에서 등장하는 퍼스널 브랜드를 전달하기 위한 과제를 진행하다 보면 자신이 중요하게 느끼는 가치와 열정이 한층 더 중요하게 여겨질 것이다(124쪽 참조).

5 기억하라,
그것이 바로 다른 사람들이 중요하게 여기는 것이다

브랜드 특성

●

자신이 갖고 있는 최고의 퍼스널 브랜드 특성 다섯 개를 적
어보자.

1.
_____

_____

2.
_____

_____

3.
_____

_____

4.
_____

_____

5.
_____

_____

나의 강점

●

자신의 퍼스널 브랜드를 평가하여 강점을 찾은 다음 아래에
적어보자.

1.

2.

3.

4.

5.

6.

7.

8.

동기가 부여된 기술 훈련

●

이 과제는 이력서를 쓰거나 커리어 마케팅 자료를 만드는 데 도움이 된다.

지금까지 경력을 쌓아오는 동안 개인적으로 가장 성공적이었다고 생각되는 일의 리스트를 만들어보자. 노력에 대해 보상을 받았는지, 어떤 보상을 받았는지는 중요하지 않다. 남들보다 뛰어난 능력을 발휘하며 진정으로 즐기면서 일을 했던 순간을 떠올려보자. (일을 하는 듯한 느낌이 들지 않았던 때가 진정으로 일을 즐겼던 순간이라고 볼 수 있다.) 좋았던 순간을 세 가지에서 다섯 가지 정도 꼽은 다음 그 일과 관련된 도전·행동·결과에 관한 이야기를 적어보자. 어떤 기술이 성공에 도움이 되었는지를 적어보자. 바로 그 기술들이 동기가 부여된 기술이다.

예시)

■ 피자헛

■ 도전: 극장 근처에 있는 매장의 매출을 증진시키기 위해 5,000 달러 이하의 가격으로 극장광고를 만드는 것.

■ 행동: 다른 나라의 상황을 모두 살펴본 후 액션 영화 분위기의 사운드트랙과 재치 있는 문구를 담은 광고 제작

■ 결과: 예산 및 매출 목표 달성

■ 동기가 부여된 기술: 실험, 창의적인 사고, 위험 감수, 협동

6 브랜드 커뮤니티를 구축하라

●

99쪽에 실려 있는 그림 6-1 참조.

경쟁자나 동료에 대해 생각을 해보자. 실제 상대도 좋고 잠재적인 상대도 좋다. 상대의 이름을 알고 있는가? 여러 상대를 특징에 따라 분류해볼 수 있는가? 이들이 공통적으로 갖고 있는 특성은 무엇인가? 자신이 상대와 다른 점은 무엇인가?

자신과 경쟁자의 닮은 점

●

자신을 특별하게 만들어주는 요소가 무엇인지 알기 위해서 동료들과 같은 점이 무엇인지를 생각해보는 게 도움이 될 때도 있다. 동료들 또는 같은 목표를 향해 나아가는 사람들과 어떤 공통점이 있는지 아래에 적어보자.

_____

_____

_____

_____

_____

_____

자신과 경쟁자가 다른 점

●

　같은 목표를 향해 나아가는 사람들 가운데서 자신을 돋보이게 만들어주는 사항이 무엇인지 아래에 나열해보자. 자격 요건, 특성, 기술 등이 이에 해당될 수 있다. 예를 들어 청소년 클럽의 회장을 맡았던 경험, 냉소적인 위트, 국제 비즈니스 관련 자격증 등을 나열할 수 있다.

특성, 기술 차별화 요소 더하기

●

　자, 이번에는 자신이 생각하는 이상적인 직업을 떠올린 다음 앞서 진행한 실천 과제를 통해 찾아낸 자신의 특성, 기술, 차별화 요소 중 어떤 것이 목표를 달성하는 데 도움이 될지 파악해보자. 각각의 리스트를 살펴보고 다음 내용을 완성해보자.

　■커리어의 궁극적인 목표를 달성하기 위해 필수적인 요건이 무엇

　　인지 찾아보자.

_____

_____

_____

　■목표(갖고 싶은 직업 및 장기적인 목표)를 달성하기 위해 차별되는

　　특성을 어떻게 활용할 수 있을지 생각해보자.

_____

_____

_____

_____

_____

_____

■지금 하고 있는 일에 자신의 강점, 능력, 차별되는 특성을 더할
  수 있는 방법을 찾아보자.

_____

_____

_____

_____

■자신에게 부족한 점은 무엇인지를 스스로에게 물어보자. 성공하
  기 위해 필요한 브랜드 특성이 결여되어 있는가? 만일 그렇다
  면, 그 특성이 무엇인지 아래에 적어보자.

_____

_____

_____

_____

_____

_____

_____

_____

_____

목표 청중을 정의하라

●

자신의 목표 청중이 누구인지 잠깐 동안 생각해보자. 현재 다니고 있는 회사의 CEO가 되는 것이 목표라면 이미 이름을 알고 있는 많은 사람들이 목표 청중이라고 할 수 있다. 새로운 회사, 업계 또는 지점으로 옮길 계획이라면, 인구통계적 특성이나 성격적 특성으로 목표 청중을 분류해야 할 수도 있다. '내가 누구인지 알아둘 필요가 있는 사람들에 대해 나도 분명하게 알아두는 것이 좋다.'

아래에 있는 각 항목에 목표 청중에 관해 가능한 한 많은 정보를 입력해보자.

인구통계적 특성

■연령
_____

■성별
_____

■경력/직위/직책
_____

_____

■수입
_____

■근무하고 있는 지점/위치
_____

■학벌
_____

성격적 특성

■여가 시간에 무엇을 하는가?

_____

_____

■어떤 신문이나 잡지를 읽는가?

_____

_____

■어떤 영화나 텔레비전 프로그램을 보는가?

_____

_____

■정보를 얻기 위해 어떤 사이트를 방문하는가?

_____

_____

■휴가 때는 무엇을 하는가?

_____

_____

_____

■업무 이외에 어떤 전문적인 활동을 하는가?

_____

_____

7 당신의 브랜드 스토리를 말하라

브랜드 프로필을 구축하라

●

자신의 퍼스널 브랜드 헌장(자신의 브랜드 약속을 간략하게 설명한 것)을 적어보자. 퍼스널 브랜드 헌장은 누구를 위해서, 어떻게, 무엇을 할지, 무엇이 자신을 특별하게 만드는지를 설명하는 내용을 담고 있어야 한다. 가능하면 한 문장으로 요약하는 것이 좋다. 이 책의 114쪽을 참고하면 한층 쉽게 이해할 수 있을 것이다.

자신의 PBS를 완성했다면, 이 책의 121쪽에 나와 있는 PBS 체크 리스트와 대조해가며 자신의 PBS를 살펴보자.

나의 퍼스널 브랜드 헌장(PBS):

_____

_____

_____

_____

_____

_____

아래의 공간에 자신의 비전, 목적, 가치관 등을 간략하게 요약해서 적어보자.

■비전:

_____

_____

■목적:

_____

_____

■가치관:

_____

_____

■열정:

_____

_____

■기타 개인적 특성:

_____

_____

_____

마지막으로, 자신이 무엇에 대해 강한 신념을 갖고 있는지 알아보기 위한 노력의 일환으로 자신이 가장 좋아하는 인용 문구(자신이 직접 만들어낸 문구 제외)를 적어보자.

8 커리어 마케팅 도구를 진보시켜라

커리어 마케팅 도구 체크 리스트를 완성하라

●

커리어 마케팅 도구를 개발하는 데 도움이 되는 내용을 모아둔 체크 리스트는 다음과 같다.

☐ 최신 정보를 반영한 약력(130쪽 참조)

☐ 최신 정보를 반영한 이력서(135쪽 참조)

☐ 이력서의 첫머리에 자신의 자격 요건을 간략하게 작성(135쪽 참조)

☐ 언제라도 활용할 수 있도록 다양한 버전의 자기소개서 준비(145쪽 참조)

☐ 나에 관한 모든 서류가 나의 퍼스널 브랜드를 알리고 나를 차별화시키는 데 도움이 된다.

퍼스널 브랜드를 알리는 데 도움이 되는 직장을 선택하는 법

●

여러 차례 면접을 보고 나면, 어떤 일자리가 자신의 기준과 맞을지를 생각한 다음 궁극적인 목표를 향해 나아가야 한다.

현재 고려하고 있는 각 일자리를 염두에 두고 다음 체크 리스트를 완성해보자.

☐ 이 회사는 내가 뛰어난 성과를 낼 수 있는 조직이다.

☐ 이 자리는 내가 앞에서 묘사한 이상적인 특성과 모두 또는 거의 일치한다.

☐ 새로운 직책을 맡게 되면 내가 열정을 느끼는 무언가를 활용할 수 있는 기회가 생긴다.

☐ 이 자리를 맡으면 나의 비전과 목적을 달성하는 데 도움이 된다.

☐ 이 회사에서 중요하게 여기는 가치는 내가 중요하게 여기는 가치와 일치한다.

☐ 이 역할은 궁극적인 목표에 도달하기 위해 당연히 밟아야 할 단계다.

9 자신을 표현하라

자기 평가를 위한 커뮤니케이션

●

강력한 브랜드가 갖고 있는 공통점은 바로 청중에게 브랜드를 잘 전달한다는 것이다. 아래에서 각 분야에 관한 자신의 커뮤니케이션 수준이 어느 정도인지 평가해보자. 단, 최고 수준은 '5', 가장 개선이 필요한 분야는 '1'로 평가한다. 브랜딩이라는 것이 돋보이기 위해 강점을 활용하는 것이긴 하지만, 모든 막강한 브랜드는 우수한 커뮤니케이션 능력을 갖고 있다. CEO의 62퍼센트가 커뮤니케이션 능력 덕에 최고의 자리에 오를 수 있었다고 답했다는 설문 결과도 있다.

작문	1 2 3 4 5
이메일	1 2 3 4 5
프레젠테이션	1 2 3 4 5
전화	1 2 3 4 5
대면	1 2 3 4 5

이번에는 자신이 어떤 우수한 커뮤니케이션 기술을 보유하고 있는지 살펴보고 자신의 존재감을 향상시킬 수 있는 창의적인 방법을 찾아보자. 이 책의 164쪽에 있는 이야기를 참조해보면 도움이 될 것 같다.

커뮤니케이션 능력을 다듬어라

●

위에서 자신이 작성한 답변을 다시 살펴본 다음 아래에 개선이 필요한 분야의 커뮤니케이션 능력을 향상시키는 데 도움이 되는 방법을 적어보자. 예를 들어 작문 수업을 듣거나, 대중 앞에서 연설하는 능력을 훈련시켜주는 기관에 등록한다거나, 능력을 향상시키기 위해 자신이 갖고 있는 다른 재능을 활용하기로 마음을 먹을 수도 있다. 자신의 생각을 글로 적어보자.

_____

_____

_____

_____

_____

_____

_____

_____

_____

_____

퍼스널 브랜드 커뮤니케이션 계획

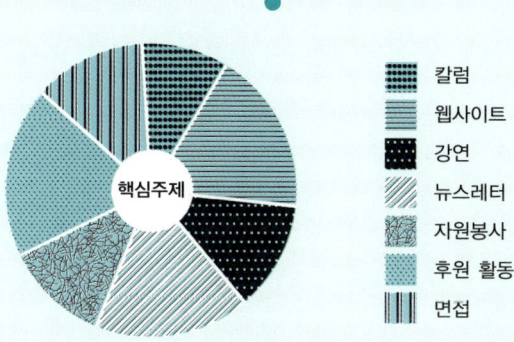

핵심주제

칼럼
웹사이트
강연
뉴스레터
자원봉사
후원 활동
면접

　커뮤니케이션의 수레바퀴에 있는 여러 커뮤니케이션 방법 중 자신에게 가장 잘 맞고 목표 청중에게 어필하는 데 도움이 되는 방법을 찾아 리스트를 만들어보자. 그런 다음, 다양한 방법을 이용하여 전달하고자 하는 전반적인 콘텐츠 주제를 적어보자. 콘텐츠 주제란 목표 청중에게 전달하고자 하는 핵심 메시지를 뜻한다. 콘텐츠 주제는 커뮤니케이션 수레바퀴 중앙에 있으며 지금껏 찾아낸 모든 커뮤니케이션 방법에 응용할 수 있다.

연간 커뮤니케이션 계획을 작성한 다음, 169쪽에 있는 커뮤
니케이션 계획 점검표와 비교해가면서 계획이 얼마나 효율적
일지 판단해보자. 커뮤니케이션 계획을 확실하게 진행하려면,
매일 해야 할 일을 세부적으로 기록해보자.

10 당신의 온라인 정체성을 평가하라

온라인 정체성

●

179쪽에 있는 온라인 정체성 매트릭스(그림 10-1)를 살펴보고 182쪽에 있는 설명을 읽어보자. 그런 다음, 다음 중 자신이 어디에 해당되는지 동그라미를 쳐보자.

존재감이 없다

무시당하고 있다

그저 그렇다

약간의 존재감이 있다

차별화되어 있다

11 온라인에서 브랜드를 구축하라

온라인에서 브랜드를 구축하기 위해 체크해보아야 할 것들

●

☐ 나의 온라인 정체성을 평가하기 위해 인터넷에서 내 이름을 검색해보곤 한다.

☐ www.williamarruda.com과 같이 내 이름을 이용한 도메인을 등록해두었다.

☐ 온라인프로필 등록 사이트나 인맥 교류 사이트에 최신 프로필을 올려두었다.

☐ 개인 블로그나 홈페이지가 있다.

☐ 인터넷 검색을 하면 나의 사회적 위치에 걸맞은 수준의 검색 결과가 나온다(180쪽에 나오는 표 10-1 참조).

☐ 인터넷 검색 결과가 내가 원하는 목표와 관련이 있다(181쪽에 나오는 표 10-2 참조).

☐ 온라인 커뮤니케이션 계획이 있다.

☐ 전문가들로부터 도움을 받고 있다(196쪽 참조).

☐ 온라인 커뮤니케이션 계획이 있다.

☐ 나의 의견을 개재하거나 글을 올릴 수 있는 사이트를 알고 있다.

☐ 적어도 2주에 한 번 이상은 온라인 정체성 구축을 위한 활동을 한다.

☐ 매주 월요일 아침마다 인터넷에서 내 이름을 검색해본다.

앞으로 2주 동안 나의 온라인 정체성을 개선하기 위해 하고
자 하는 세 가지

1.
   _____
   _____

2.
   _____
   _____
   _____

3.
   _____
   _____
   _____

12 어떤 일을 하든 퍼스널 브랜드가 드러나게 하라

브랜드 환경을 관찰하라

●

앞으로 2주 동안 자신이 하는 모든 행동, 사용하는 모든 도구와 공간, 입고 있는 모든 의상 등을 자세히 관찰해보기 바란다. 이 모든 것이 브랜드 환경을 구성한다. 아래에 주어진 빈칸에 자신의 브랜드 환경을 구성하는 요소들을 나열해보자.

_____

_____

이제 리스트에 있는 각각의 항목을 살펴보면서 그것들이 과연 자신의 브랜드를 알리는 데 도움이 되는지 아닌지를 생각해보자. 자신의 브랜드를 좀더 잘 알리려면 브랜드 환경을 어떻게 바꾸어야 할지 생각해보고 아래에 적어보자.

_____

_____

13 당신의 정체성이 시각적으로 드러나게 하라

브랜드 정체성 시스템을 정의하라

●

디자이너와 함께 자신의 브랜드에 맞는 시각적인 특징을 잡아내야 한다. 즉 자신의 브랜드 특성을 잘 드러내 보여주고 자신을 차별화시키는 데 도움이 되는 시각적인 특성을 찾아내야 하는 것이다. 회사의 정체성 가이드라인을 따라야 하는 부분도 있다. 하지만 전문가 모임에서의 프레젠테이션, 블로그 활동, 자신이 쓰는 칼럼 등의 부분에서는 자신만의 독특한 가치 약속을 전달할 수 있는 정체성 시스템을 구축할 필요가 있다. 자신의 브랜드 정체성 시스템을 지속적으로 활용하면 주위 사람들에게 자신의 존재를 부각시키는 데 도움이 된다. 자신만의 브랜드 정체성 시스템을 구성하는 아이템으로 어떤 것이 있는지 적어보자.

색깔

229쪽에 있는 표에서 자신의 브랜드를 가장 잘 대표하는 색깔을 찾아보자.

글씨체

자신의 브랜드를 가장 잘 나타내는 글씨체를 찾아보자. 워드 프로그램이나 인쇄된 출판물에 있는 글씨체를 찾아본 다음 디자이너와 상의해보는 것도 좋다.

자신의 브랜드 정체성 시스템에 어울리는 다른 요소에 대해서도 생각해보자(230~235쪽 참조).

■이미지:
_____
_____

■로고:
_____
_____

■질감:
_____
_____

■소리/음악:
_____
_____

■슬로건:
_____
_____

14 커리어 카르마를 높여라

네트워크 구성원을 연결하라

●

자신의 네트워크에 소속되어 있는 사람들을 이어주는 것이 중요하다. 두 개의 강력한 브랜드가 만나서 어마어마한 가치가 생성되는 경우를 종종 보곤 한다. 네트워크 구성원들을 하나하나 떠올린 다음 특정 멤버들을 서로 연결시켜주면 어떤 가치가 새롭게 생겨날지 생각해보자. 그런 다음, 네트워크 구성원을 이어주는 선을 그려보고 서로를 연결해주기 위한 계획을 구상해보자. 네트워크 구성원들간의 만남을 주선할 날짜를 포함한 자신의 생각을 아래에 적어보자.

_____

_____

_____

_____

_____

_____

_____

_____

차이의 전략

명품 인재를 만드는 퍼스널 브랜딩의 모든 것

1판 1쇄 발행 | 2008년 9월 5일

지은이 | 윌리엄 아루다 · 커스틴 딕슨
옮긴이 | 김현정
펴낸이 | 김찬

펴낸곳 | 도서출판 아고라
출판등록 제2005-8호(2005년 2월 22일)
주소 | 서울시 마포구 연남동 565-15 지남빌딩 309호
전화 | 02-337-0518
팩스 | 02-337-4018
홈페이지 | www.agorabook.co.kr

ISBN 978-89-92055-18-5 03320

＊책값은 뒤표지에 있습니다.